Kesenian Daerah untuk Kemuliaan Allah

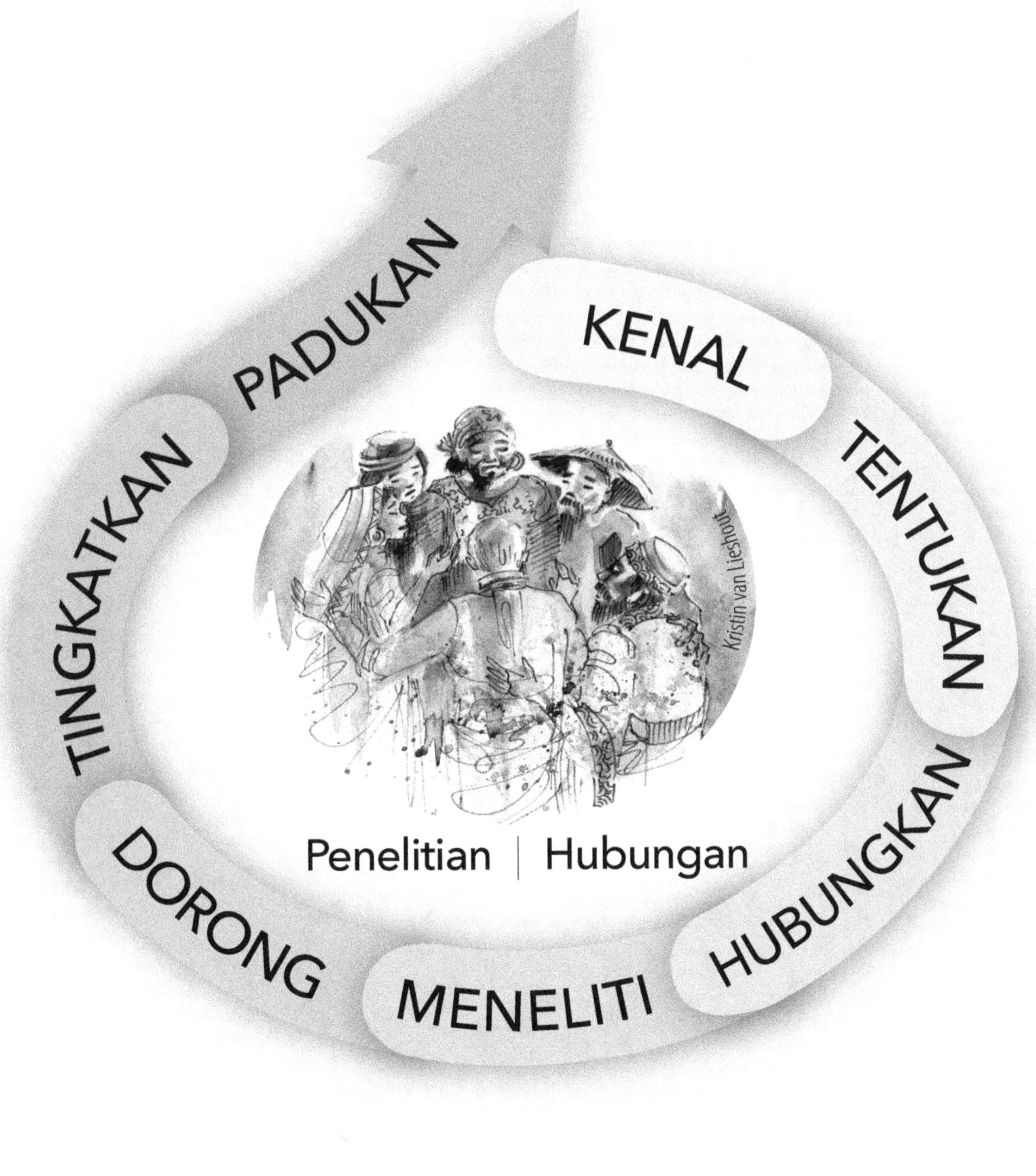

PADUKAN

KENAL

TINGKATKAN

TENTUKAN

Penelitian | Hubungan

Kristin van Lieshout

DORONG

MENELITI

HUBUNGKAN

Kesenian Daerah untuk Kemuliaan Allah

Panduan Singkat Untuk Menolong Masyarakat Menuju Masa Depan Yang Lebih Baik

Brian Schrag & Julisa Rowe

Mirna Thijssen, Misriani Balle, Olce Saleky
PENERJEMAH EDISI BAHASA INDONESIA

Matt Menger, Matt Connor, June Rumthe, Teguh Triyanta
GENERAL EDITOR EDISI BAHASA INDONESIA

Available at missionbooks.org

Kesenian Daerah untuk Kemuliaan Allah: Panduan Singkat Untuk Menolong Masyarakat Menuju Masa Depan Yang Lebih Baik

Hak Cipta © 2022 oleh GEN (Global Ethnodoxology Network)

Hak cipta dilindungi oleh undang-undang. Tidak ada bagian dari buku ini yang boleh diproduksi ulang, disimpan dalam suatu sistem penyimpanan, atau dibagikan/diberikan kepada orang lain dalam bentuk apa pun atau dengan cara apa pun—elektronik, mekanik, fotokopi, rekaman, atau lainnya—tanpa izin tertulis dari penerbit, kecuali kutipan singkat yang digunakan sehubungan dengan ulasan di suatu majalah atau surat kabar. Untuk izin, silahkan hubungi ke alamat email permissions@wclbooks.com.

Semua kutipan Firman Tuhan, kecuali dinyatakan lain, berasal dari Alkitab versi Terjemahan Baru®, hak cipta © 1974, 1997 oleh Lembaga Alkitab Indonesia. Digunakan dengan izin. Hak cipta dilindungi oleh undang-undang di seluruh dunia.

Diterbitkan oleh William Carey Publishing
10 W. Dry Creek Cir
Littleton, CO 80120 | www.missionbooks.org

William Carey Publishing adalah satu bidang pelayanan dari Frontier Ventures
Pasadena, CA | www.frontierventures.org

Mike Riester, sampul dan desain interior
Kristin van Lieshout, cover art
Julie Johnson, simplification editor
Lukisan Sampul, dibuat oleh Kristin van Lieshout
Julie Johnson, editor penyederhanaan

ISBNs: 978-1-64508-184-5 (bagian sampul tipis bahasa Inggris))
         978-1-64508-186-9 (epub)

Dicetak di Seluruh Dunia

26 25 24 23 22 1 2 3 4 5 IN

Library of Congress data on file with publisher

DAFTAR ISI

PENDAHULUAN vii

PERSIAPAN DIRI xi

PRINSIP 1: MENGENAL MASYARAKAT DAN KESENIANNYA 1

PRINSIP 2: MENENTUKAN TUJUAN 7

    A. MENENTUKAN TUJUAN: IDENTITAS DAN KEBERLANJUTAN 7

    B. MENENTUKAN TUJUAN: DAMAI SEJAHTERA 8

    C. MENENTUKAN TUJUAN: FIRMAN TUHAN 10

    D. MENENTUKAN TUJUAN: KEHIDUPAN BERGEREJA 11

    E. MENENTUKAN TUJUAN: KEHIDUPAN ROHANI SECARA PRIBADI 12

    F. LANGKAH-LANGKAH DALAM MENENTUKAN TUJUAN 13

PRINSIP 3: MENGHUBUNGKAN SENI DENGAN TUJUAN 16

PRINSIP 4: ANALISA SEBUAH ACARA YANG BERISI JENIS KESENIAN YANG TELAH DITENTUKAN 20

PRINSIP 5: MENDORONG DAYA CIPTA 44

PRINSIP 6: MENINGKATKAN KUALITAS KARYA BARU 53

PRINSIP 7: TERUS-MENERUS MEMADUKAN DAN MEMASYARAKATKAN KARYA-KARYA BARU 56

LAMPIRAN 1: Profil Kesenian Masyarakat (PKM) 58

LAMPIRAN 2: Formulir Ringkasan Keputusan 61

LAMPIRAN 3: Ringkasan MKDB 62

GAMBAR

Gambar 1: Lakukan Kontekstualisasi dengan hati-hati........................ xv

Gambar 2: Menciptakan Kesenian Daerah Bersama-sama xxii

Gambar 3: Kegiatan Sederhana xxxi

Gambar 4: Ringkasan MKDB xxxiii

Gambar 5: Pertanyaan untuk masyarakat 2

Gambar 6: Cara untuk Mengenali Kegiatan-kegiatan Komunikasi Artistik... 4

Gambar 7: Contoh Daftar Pembandingan Jenis Mono (DR Congo) 5

Gambar 8: Ikhtisar Sederhana tentang Menghubungkan Genre ke Sasaran .. 17

Gambar 9: Nasihat Sederhana untuk Perekaman Audio Visual 21

Gambar 10: Ciri-ciri dari sebuah Acara Kesenian yang cocok untuk Penelitian ... 22

Gambar 11: Kategori Fitur Performa 29

Gambar 12: Hal-hal yang Perlu Dicatat saat Merencanakan Sebuah Kegiatan Mendorong Daya Cipta 52

Gambar 13: Pendekatan untuk Evaluasi yang Efektif........................... 55

PENDAHULUAN

Prinsip-prinsip Dasar

Kesenian mengandung beberapa bagian yaitu: pengetahuan, ketrampilan, alat-alat penunjang, pola-pola penggunaan, dan berbagai peran.

Kesenian sulit digambarkan secara menyeluruh. Tidak banyak orang dalam masyarakat yang bisa menggambarkan kesenian mereka sendiri dengan sempurna. Panduan ini membantu masyarakat setempat agar mereka dapat menggambarkan kesenian mereka.

Tak ada bentuk kesenian yang menyampaikan pesan secara universal.

Orang sering mengatakan, "Musik adalah bahasa universal" (*maksud universal = menyeluruh*). Mereka percaya bahwa musik memiliki fungsi yang sama dalam setiap budaya yaitu sebagai sarana untuk berkomunikasi. Kenyataanya tidak demikian, contoh-contoh yang diberikan dalam panduan ini menjelaskan bahwa musik dan kesenian lainnya ada secara universal. Setiap jenis kesenian mempunyai bentuk dan makna khusus untuk masing-masing masyarakat.

Kesenian daerah memiliki manfaat penting yang tidak dimiliki oleh kesenian dari luar.

Manfaat dan daya cipta kesenian daerah memiliki keunggulan karena lebih mendalam, relevan, mudah diingat, lebih komunikatif untuk mendidik dan memotivasi masyarakat.

Setiap masyarakat bisa memperoleh keuntungan dengan mendukung daya cipta lokal.

Setiap masyarakat memerlukan lebih banyak daya kreativitas kesenian. Suku-suku minoritas yang keseniannya tidak berkembang atau menuju pada kepunahan memerlukan daya kreativitas yang lebih besar lagi.

Proses menciptakan suatu kesenian dapat menolong suatu masyarakat mencapai tujuan mereka.

Panduan ini menjelaskan sebuah metode yang memiliki tujuh prinsip. Metode ini disebut "Menciptakan Kesenian Daerah Bersama-sama (MKDB)" yang juga dikenal sebagai *cocreation*, atau berkreasi bersama-sama. Dengan mengikuti prinsip-prinsip dalam buku ini, kemungkinan besar hal-hal baik akan terjadi.

Seorang pegiat seni atau pemerhati kesenian daerah yang menerapkan tujuh prinsip ini dapat mempengaruhi daya cipta masyarakat setempat secara positif.

Seorang pegiat seni bisa merupakan orang dalam masyarakat tersebut tetapi bisa juga orang dari luar.

Tugas utama seorang pegiat seni adalah mendorong orang lain untuk menciptakan kesenian baru.

Pegiat seni adalah orang yang belajar, berdiskusi, memfasilitasi, dan mendorong tumbuhnya kesenian daerah.

Kenali dulu semua aliran kesenian dalam masyarakat.

Memahami kesenian daerah yang digunakan oleh masyarakat setempat merupakan salah satu dasar dari tujuh prinsip. Jadi tugas pertama adalah membuat daftar nama-nama seni daerah setempat. ("Mengenal Masyarakat dan Keseniannya," **Prinsip 1**). Pada **Prinsip 4** saudara akan menemukan: musik, tarian, drama, seni verbal lisan, dan seni visual dalam kesenian daerah.

Kita lebih memahami misi gereja di dunia ini di dalam hubungannya dengan kisah Tuhan yang lebih besar: Tuhan Allah menciptakan alam semesta, manusia memutuskan hubungan dengan Tuhan, Yesus membawa Kerajaan Sorga, dan Tuhan akan membuat segalanya benar di Sorga dan Dunia Baru.

Sekelompok orang Kristen tidak hanya harus mengembangkan seni dari sejarah mereka; tetapi, mereka juga harus menyadari seni dari karya Tuhan. Mereka harus memperhatikan tujuan kesenian mereka di dalam ciptaan Tuhan lainnya di bumi dan di Sorga.

Panduan ini untuk siapa?

Metode yang diperkenalkan di sini berlaku bagi siapa saja yang ingin masa depan kesenian daerah menjadi lebih baik. Proses ini bisa diterapkan untuk sebuah komunitas seni, gereja, kelompok lain, bahkan diri sendiri.

Sambutan dari Penulis

Buku ini disebut *Panduan Singkat MKDB* karena dibuat dengan meringkas informasi yang paling penting dari dua buku: *Worship and Mission for the Global Church: An Ethnodoxology Handbook*, dan *Creating Local Arts Together: A Manual to Help Communities Reach Their Kingdom Goals* (William Carey Library, 2013).

Panduan ini penuh dengan ide dan peristiwa dari beberapa abad yang lalu, tetapi ide dan peristiwa-peristiwa ini diarahkan untuk pemahaman masa kini. Panduan ini juga membawa kepada tujuan masa depan yang lebih baik melalui pemahaman akan Kerajaan Allah. Tim penulis mengembangkan metode ini didasarkan pada beberapa disiplin ilmu seperti etnomusikologi, cerita rakyat, studi pertunjukan, antropologi, studi alkitab, dan misiologi. Contoh kesenian dari sejarah gereja 2000 tahun lalu juga menginspirasi dan menuntun kami dalam menyusun buku ini. Kami sangat berterima kasih kepada Drs. Vida Chenoweth, Roberta King, dan Tom Avery yang pertama kali menerapkan etnomusikologi dalam pelayanan. Kami juga sadar bahwa panduan ini tidak mungkin ada tanpa dukungan dan bantuan dari Dr. Robin Harris dan Global Ethnodoxology Network.

–Brian Schrag and Julisa Rowe, 2014–

Sambutan dari Penerjemah edisi Bahasa Indonesia

Indonesia memiliki beraneka ragam seni dan budaya yang melambangkan kearifan lokal berbagai suku di tanah air. Keberagaman ini merupakan sumber kekayaan bangsa yang perlu dikembangkan dan dilestarikan. Namun perlu diingat bahwa tugas pengembangan itu sendiri sesungguhnya adalah wujud pertanggungjawaban kita terhadap Allah Sang Pencipta. Dialah sumber utama terciptanya keanekaragaman seni dan budaya manusia di seluruh muka bumi. Manusia diciptakan menurut gambar dan rupa Allah. Manusia dan keindahan alam ini adalah wujud kreativitas Sang Maestro Agung. Dia melihat segala yang dijadikanNya itu sungguh amat baik, dan menanamkan benih ilahi mencipta dalam diri manusia untuk menciptakan kebaikan demi kebaikan, untuk menghadirkan kerajaanNya di tengah-tengah dunia.

Buku panduan Mencipta Kesenian Daerah Bersama-sama ini dibuat sebagai salah satu misi menghadirkan Kerajaan Allah di tengah-tengah dunia. Buku ini dapat digunakan sebagai alat untuk meningkatkan pemahaman masyarakat terhadap berbagai bentuk kesenian daerah yang mereka miliki. Dengan demikian kesenian dapat diletakkan pada landasan yang benar dan dapat dipakai sesuai tujuan awal diciptakan yaitu untuk kemuliaan Allah.

Buku panduan ini dibuat berdasarkan materi dan pengalaman dari para mentor kami yang sudah terlebih dahulu menggeluti bidang pelayanan kesenian daerah. Materi tersebut kami padukan dengan pengalaman lokakarya ethnoarts yang diadakan di berbagai tempat di Indonesia sejak tahun 2015. Materi ini tidak hanya diterjemahkan tapi juga diadaptasikan sedemikian rupa dengan budaya Indonesia sehingga lebih mudah dimengerti dan dipraktekkan.

Tak ada gading yang tak retak, demikianlah buku ini yang sangat jauh dari kesempurnaan. Buku ini bukanlah sebuah buku yang paten melainkan akan terus menerus dibarui dengan materi dan pengalaman terbaru dan terkini. Oleh karena itu kami sangat menghargai ide, saran dan pendapat yang dapat diberikan demi meningkatkan kualitas dari isi buku ini sehingga dapat membantu pelayanan dalam bidang kesenian daerah dimanapun.

Kami ingin mengucapkan banyak terima kasih kepada setiap orang yang sudah berkontribusi dalam menjadikan buku ini sebuah panduan yang bermanfaat:

- Gereja Protestan Maluku yang menjadi tuan rumah untuk beberapa lokakarya yang pertama untuk kami, dan sampai sekarang mendukung pelayanan ini dengan memberikan/melibatkan beberapa pendeta yang membantu sebagai fasilitator, pemberian visa untuk orang asing, dan beberapa program gereja seperti liturgi etnis.
- Gereja Protestan Indonesia Donggala yang membantu dengan pemberian visa untuk orang asing, memberikan/melibatkan beberapa pendeta untuk membantu sebagai fasilitator, dll.
- Yayasan Kartidaya yang memberi tenaga kerja untuk dilatih, memfasilitasi lokakarya ethnoarts di Indonesia, dan memasukkan program ethnoarts ke dalam pelayanannya.
- Yayasan Suluh Insan Lestari yang memberi tenaga kerja untuk dilatih, memfasilitasi lokakarya ethnoarts di Indonesia, memasukkan program ethnoarts ke dalam pelayanannya, dan juga membantu menyiapkan buku ini untuk dicetak.
- Keluarga kami yang terus mendoakan pelayanan dan mendukung kami.
- Gereja-gereja dari seluruh dunia yang mengutus kami untuk pelayanan ini dan tetap setia dalam dukungan dan doa.

—Tim Penerjemah dan Editor, 2021—

PERSIAPAN DIRI

Semua Kesenian Dari Berbagai Penjuru Dunia Digunakan Untuk Tujuan Allah

KENYATAAN/BUKTI: Ada hampir tujuh ribu bahasa di seluruh dunia. Di Indonesia saja ada lebih dari tujuh ratus bahasa. Manusia menyampaikan suatu ide lewat kata-kata yang diucapkan. Mereka juga berkomunikasi melalui lagu, drama, tarian, seni visual, cerita dan sarana lainnya.

KENYATAAN/BUKTI: Semua masyarakat di dunia memiliki hubungan yang tidak sempurna dengan Allah. Semua masyarakat berjuang dengan pergolakan sosial, kekerasan, penyakit, kemarahan, percabulan, kecemasan, dan ketakutan.

KENYATAAN/BUKTI: Allah memberikan setiap masyarakat bakat unik yakni kesenian untuk menyampaikan kebenaran. Dia memberikan bakat seni yang unik untuk membawa kesembuhan, harapan, dan sukacita kepada masyarakat yang mengalami masalah sosial. Meski demikian, kebanyakan bakat-bakat unik ini tidak biasa dipakai, sering disalahgunakan, atau bahkan sudah mati.

Kita ingin agar semua budaya menggunakan semua bakat mereka untuk beribadah, taat kepada Allah dan menikmati hubungan yang indah dengan Allah dengan sepenuh hati, segenap nafas hidup, seluruh pikiran dan seluruh kekuatan (Mrk. 12:30). Kita ingin bekerja-sama dengan musisi setempat, penari, aktor, pelukis, pematung, pendongeng, dan seniman lain untuk menginspirasi penciptaan lagu-lagu, tarian, drama, lukisan, patung dan cerita baru. Ini semua akan membantu mereka membawa Kerajaan Allah ke dalam masyarakat mereka.

Bagaimana kesenian bisa menggerakkan kita menuju Kerajaan Allah? Apa itu Kerajaan Allah? Yesus mengajarkan kepada para pengikutnya untuk berdoa supaya kerajaan Allah datang ke dunia (Mat. 6:10). Kerajaan Allah berpusat pada Tuhan Yesus dan pada firmanNya (Mrk. 1:15). Yesus mengatakan bahwa kerajaan Allah bertumbuh menjadi besar, tetapi tidak ada yang bisa menjelaskan bagaimana ia bertumbuh (Mrk. 4). Nilai-nilai Kerajaan Allah berbeda dari nilai-nilai manusia (Mrk. 10, 12, Luk. 6). Penyembuhan dan peperangan rohani (Luk. 9, 11). Di dunia ini, kerajaan Allah mencerminkan sorga. Allah ingin kita untuk membantu memperluas kerajaanNya di dunia.

Kerajaan Allah belum terealisasi secara sempurna di dalam dunia ini. Sekarang ini, setiap masyarakat memiliki sisi budaya yang mencerminkan Kerajaan Allah tetapi juga memiliki sisi lain yang tidak sesuai. Tidak ada budaya manusia yang sepenuhnya mencerminkan Kerajaan Allah dengan sempurna. Namun, oleh karena Allah menciptakan manusia menurut gambarNya, sekilas Kerajaan Allah ada di mana-mana.

Sebuah masyarakat yang dipengaruhi oleh Kerajaan Allah memiliki ciri-ciri apa? Ada gereja yang berkembang dan menyembah Allah dalam roh dan kebenaran (Yoh. 4:24). Anggota masyarakatnya selalu bertumbuh secara rohani, sosial, dan jasmani. Anggota masyarakat yang lebih tua meneruskan aspek budaya mereka yang mencerminkan sifat/karakter Allah kepada yang lebih muda. Setiap orang dalam masyarakat memiliki akses ke Alkitab secara tepat dan benar di dalam bahasa yang paling dimengerti. Orang tua dan anak muda menerapkan kebenaran Firman Tuhan dalam kehidupan mereka. Keadilan, kejujuran, kesehatan, dan sukacita menjadi ciri khas seluruh masyarakat. Anggota masyarakat mengasihi dan peduli pada orang-orang yang terabaikan.

 Diskusikan contoh keadaan yang pernah saudara lihat yang mencerminkan Kerajaan Allah hadir di tengah-tengah di dunia.

Kesenian daerah ...
- Adalah sumber daya yang sangat kuat
- Selalu tertanam dalam budaya dan mempengaruhi banyak aspek penting dalam masyarakat.
- Menandai pesan sebagai sesuatu yang lebih penting dari aktivitas sehari-hari.
- Menyentuh orang secara intelektual maupun perasaan.
- Membantu orang untuk mengingat apa yang telah mereka dengar.
- Seringkali melibatkan seluruh tubuh. Hal ini menguatkan adanya dampak dari pesan yang disampaikan oleh kesenian tersebut.
- Menghimpun informasi yang terkandung dalam sebuah pesan.
- Menanamkan rasa kebersamaan.
- Bisa mengungkapkan ide-ide yang sulit atau ide-ide baru dengan mudah.
- Menginspirasi dan menggerakkan orang untuk bertindak.
- Adalah salah satu tanda identitas yang kuat.
- Membantu untuk membuka imajinasi kita.
- Dimiliki oleh masyarakat setempat. Seniman lokal diberdayakan untuk berkontribusi bagi perluasan Kerajaan Allah.

Diskusikan contoh kekuatan kesenian daerah yang pernah saudara lihat.

Metode ini membantu saudara bekerja-sama dengan masyarakat setempat. Metode ini juga membantu saudara dan masyarakat setempat untuk menyepakati bersama-sama perubahan apa yang diinginkan di dalam kehidupan masyarakat. Kita menggunakan kesenian daerah untuk mencapai apa yang menjadi tujuan masyarakat. Kegiatan yang disediakan dalam panduan ini merupakan kumpulan ide-ide untuk menginspirasi daya cipta dalam kesenian daerah. Kita ingin membantu seniman setempat menciptakan karya seni baru sesuai dengan karakteristik kesenian daerah yang ada untuk tujuan baru. Kita juga ingin melihat agar tujuan ini bisa berlanjut terus secara berkesinambungan.

Contoh kita: Tiga tahap dalam kehidupan Yesus

Paulus menggambarkan pelayanan Yesus di dunia sebagai berikut:

> *Tetapi utamakanlah kepentingan setiap saudara seiman daripada kepentinganmu sendiri dan tetap rendah hati. Janganlah kamu hanya sibuk memikirkan keperluanmu sendiri, tetapi pikirkanlah juga keperluan orang lain.*
>
> *Jadi hendaklah kita masing-masing mengikuti sikap Kristus Yesus!*
>
> *Biarpun Yesus mempunyai semua sifat Allah, tetapi Dia tidak pernah berpikir bahwa kedudukan-Nya sebagai Allah adalah sesuatu yang harus tetap dipertahankan-Nya.*
>
> *Tetapi Dia merendahkan diri-Nya dan meninggalkan semuanya. Lalu Dia mengambil kedudukan yang paling hina sebagai hamba untuk melayani kita, dan datang ke dunia ini sebagai manusia biasa.*
>
> *Dan dalam keadaan sebagai manusia, Dia lebih lagi merendahkan diri-Nya untuk taat kepada kehendak Allah, hingga Dia menyerahkan tubuh-Nya sampai mati--bahkan sampai mati disalibkan.*
>
> —Filipi 2.3b–8, TSI

Berikut ini tiga peran wujud Yesus di dunia yang menunjukkan bagaimana kita harus melakukan misi:

1. **Bersama dengan**. Yesus meninggalkan "budaya asalNya" dengan Allah Bapa dan bergabung dengan umat manusia di Palestina (Bumi). Tugas kita yang pertama dalam misi adalah tinggal bersama masyarakat dan membangun hubungan dengan mereka.

2. **Belajar dari**. Yesus belajar dari manusia dalam masyarakat Palestina selama hampir 30 tahun sebelum memulai pelayananNya. Interaksi kita yang kedua sebagai fasilitator seni adalah menanyakan orang tentang seni masyarakat mereka dan apakah tujuan hidup mereka. Kita menunjukkan kasih kepada mereka dengan cara belajar dari mereka. Proses ini mungkin akan berlangsung lama.

3. **Bekerja menuju**. Setelah bergabung dengan manusia dan belajar dari mereka selama 30 tahun, barulah Yesus memberitahukan dan melaksanakan tujuanNya secara terbuka (Mat. 4:23). Dia bekerja berdampingan dengan para muridNya menuju tujuan kerajaanNya.

Misi kita yang ketiga, setelah bergabung dengan masyarakat dan belajar dari mereka, adalah bekerja bersama mereka ke arah tujuan masa depan yang lebih baik. Cara yang bisa kita lakukan sebagai fasilitator seni adalah dengan melakukan penelitian bersama teman atau rekan sekerja dalam masyarakat untuk mengetahui bagaimana kita bisa bekerjasama menggunakan seni mereka sendiri untuk mencapai tujuan masa depan mereka.

Apabila pekerjaan saudara menjadi rumit, ingatkan diri saudara akan ketiga hal ini.

Semua?

"Semua kesenian" judul di bab ini tidak dimaksudkan bahwa setiap karya seni ada untuk tujuan Allah. Kita tidak ingin menilai apakah sebuah bentuk seni layak untuk dipakai atau tidak. Setiap masyarakat dan kesenian mereka telah cacat (atau dirusak) oleh dosa, tetapi Allah dapat menebus segala sesuatu. Menggabungkan kesenian dengan tujuan membutuhkan proses yang disebut sebagai "penciptaan kembali."

Sebagai contoh, apabila sebuah tarian tertentu masih berkaitan dengan kegiatan yang tidak bermoral atau penyembahan berhala, maka penggunaan tarian semacam itu mungkin justru akan menarik orang yang baru percaya Kristus kembali ke kehidupan lama mereka. Kita percaya bahwa pada akhirnya Allah akan merebut kembali segala sesuatu untuk diriNya sendiri – lihat Matius 19:28. Kita harus bergantung pada pimpinan Roh Kudus bersama wawasan orang setempat yang sudah percaya untuk memutuskan kesenian mana yang bisa dan mana yang tidak (atau belum) bisa dipakai untuk tujuan Allah. **Ini bukan sesuatu yang bisa diputuskan oleh orang dari luar, tetapi harus diputuskan oleh masyarakat bersama pimpinan setempat.**

"Dari berbagai penjuru dunia" judul di bab ini mempunyai maksud bahwa ada ribuan cara orang memakai kesenian untuk berkomunikasi. Kita tidak selalu dengan mudah dapat mengenal bentuk-bentuk kesenian yang asing bagi kita. Salah satu tujuan dari panduan ini adalah untuk memperluas visi kita dalam melihat semua sumber-daya kesenian. Kita perlu terus belajar agar kita memiliki cara pandang yang sama dengan Allah mengenai kesenian.

"Untuk tujuan Allah" mengingatkan kita bahwa Allah bisa memakai kesenian apa saja untuk tujuanNya. Kita sering memakai kesenian dalam konteks penyembahan saja, padahal di dalam Alkitab kesenian dipakai untuk banyak hal, misalnya: pengajaran, perang, perayaan, upacara, menyampaikan nasihat, pertumbuhan rohani, penyembuhan, pengakuan dosa, mengingat apa yang sudah Tuhan kerjakan dll.

> ### *Lakukan kontekstualisasi dengan hati-hati*
>
> Waktu kita menerapkan Firman kepada satu bentuk seni khusus dalam konteks budaya itu, kita perlu hikmat dari Roh Kudus. Prinsip-prinsip ini memberikan satu pendekatan bijak, berdasarkan banyak pengalaman doa.
>
> 1. **Kumpulkan informasi** dari dan dengan penduduk setempat tentang bentuk, dan apa makna seni khusus tersebut saat ini.
> 2. **Belajar ajaran** dan prinsip-prinsip alkitabiah dengan orang-orang lokal yang berhubungan dengan bentuk-bentuk seni tersebut dalam pertanyaan.
> 3. **Evaluasi** arti bentuk seni tersebut dengan orang-orang lokal sehubungan dengan ajaran Alkitab yang terkait.
> 4. **Mendorong masyarakat lokal**, untuk membuat keputusan sendiri berdasarkan proses dan apa yang telah mereka pelajari. Apakah mereka akan menerima, menolak, atau mengubah bentuknya untuk menciptakan praktek kontekstual yang tepat.

Gambar 1: Lakukan Kontekstualisasi dengan hati-hati [1]

Apa itu Kesenian?

Kesenian adalah bentuk komunikasi yang khusus. Seperti semua sistem komunikasi, kesenian dilakukan pada waktu, tempat dan konteks sosial tertentu. Kesenian memiliki cara khusus untuk menyampaikan sebuah pesan. Proses belajar kesenian mirip dengan proses belajar bahasa asing. Contohnya, dalam sebuah pertunjukan kesenian Thailand, seorang penari harus belajar bagaimana menggerakkan lengan, leher dan alisnya untuk menceritakan sebuah cerita – budaya lain tidak menempatkan kepentingan yang sama pada gerakan lengan, leher dan alis untuk mendongeng. Tidak ada satupun system/bentuk komunikasi seni yang sepenuhnya dapat dipakai untuk berkomunikasi pada budaya, tempat, dan waktu yang berbeda-beda. Untuk mempelajari bentuk kesenian suatu masyarakat, yang pertama-tama kita lakukan adalah kita harus mengenal seniman setempat dan kesenian mereka.

Bentuk komunikasi seni berbeda dengan komunikasi bentuk/jenis lain. Pertama, dibandingkan dengan bentuk komunikasi sehari-hari, komunikasi seni lebih menekankan pada pola atau cara dalam melakukannya. Contohnya, ucapan puitis harus disampaikan dengan menggunakan pola-pola tertentu seperti sajak, pengulangan bunyi yang sama, dan kata-kata kiasan. Komunikasi sehari-hari tidak akan bergantung pada pola-pola seperti itu. Kalau kita menari dengan mengelilingi gendang sambil mengulangi gerakan kaki, tarian seperti itu punya cara atau pola tertentu. Tetapi, kalau kita berjalan dari rumah ke pasar, gerakan kaki kita tidak bergantung pada cara atau pola tertentu. Meniru ekspresi wajah seorang tokoh dalam cerita mitos, memerlukan cara komunikasi yang khusus. Tetapi membiarkan seseorang berdiam diri, tidak perlu menggunakan wajah dengan pola atau cara yang khusus.

---

[1] Paul G. Hiebert, *Anthropological Insights for Missionaries* (Grand Rapids, MI: Baker Book House Co., 1985), 183-192.

Kedua, kegiatan seni selalu memiliki awal dan akhir. Di antara awal dan akhir sebuah kegiatan seni, orang berinteraksi dengan cara atau pola yang tidak biasa. Etnomusikolog Ruth Stone menggambarkan kegiatan seni sebagai sesuatu yang "dipisahkan dari kehidupan sehari-hari." [2]

Panduan ini membantu kita menggunakan ciri-ciri tersebut untuk menemukan dan menjelaskan apa itu "kesenian daerah." Panduan ini membantu kita mengenali kesenian dalam masyarakat apa saja yang kita masuki termasuk masyarakat kita sendiri. Dengan menggunakan definisi kesenian tersebut, kita menganggap konser dangdut, latihan untuk acara paskah, sebuah lukisan yang tergantung di dinding kafe, seorang ayah yang berbicara dengan peribahasa kepada putrinya, atau irama ratapan di kuburan adalah sebagai bentuk kesenian. Di seluruh dunia orang menggunakan puluhan ribu jenis kesenian, ironisnya terlalu sering orang tidak menghargai sumber daya yang luar biasa ini.

 Diskusikan contoh kesenian daerah dalam masyarakat saudara.

Bagaimanakah Seni dan Budaya Berinteraksi?

Kesenian dapat mencerminkan sekaligus mempengaruhi budaya setempat. Komunikasi seni mencerminkan aspek lain dari budaya setempat. Sebagai contoh, orang Kaluli di Papua Nugini menggunakan bahasa kiasan, "Bunyi diangkat ke atas." Kiasan ini muncul dalam beberapa aspek kehidupan mereka dan mendasari musik mereka. Dua penyanyi bergantian dalam mengambil peran utama. Mereka menciptakan jalinan suara berlapis. Hal serupa juga terjadi dalam percakapan orang-orang Kaluli. Orang sering memotong percakapan orang lain. Mereka bersama-sama menciptakan "bunyi diangkat ke atas." Dalam contoh ini, bentuk musik mencerminkan pola komunikasi orang Kaluli.[3]

Komunikasi seni juga dapat mengubah budaya. Kesenian memiliki kemampuan unik dalam memotivasi orang untuk bertindak. Kesenian juga dapat menginspirasi rasa kebersamaan. Dengan memakai kesenian orang dapat menyampaikan pesan ketidaksetujuan mereka akan sesuatu hal tetapi dengan cara yang masih dapat diterima secara sosial. Salah satu contoh berasal dari kaum perempuan Gereja Apostolik Afrika di Afrika Selatan. Dalam kebaktian, mereka dapat menyampaikan keluhan mereka terhadap laki-laki. Kaum perempuan memang tidak diizinkan untuk berkhotbah kepada jemaat, namun mereka dapat menggunakan materi yang dikotbahkan untuk dijadikan sebagai bahan membuat sebuah lagu. Lagunya bisa saja berbunyi demikian: "Laki-laki, berhentilah memukul istrimu. Dengan demikian maka engkau akan masuk sorga." Lagu-lagu yang dinyanyikan oleh kaum perempuan memiliki perlindungan untuk isi kritik mereka.[4] Dalam hal ini komunikasi seni mempunyai kekuatan untuk mengubah bagian-bagian lain dari budaya. Seni juga dapat memperkuat struktur kekuasaan yang ada. Lagu kebangsaan misalnya, merupakan contoh jelas dari struktur kekuasaan yang diperkuat oleh komunikasi seni.

---

2 Ruth Stone, "Communication and Interaction Processes in Music Events among the Kpelle of Liberia" (PhD diss., Indiana University, 1979), 37.

3 Steven Feld, "Sound Structure as Social Structure," *Ethnomusicology* 28, no. 3 (1984): 383–409.

4 Bennetta Jules-Rosette, "Ecstatic Singing: Music and Social Integration in an African Church," in *More than Drumming: Essays on African and Afro-Latin American Music and Musicians*, ed. Irene V. Jackson (Westport, CT: Greenwood, 1985), 119–44.

Apa itu daya cipta?

Kita ingin mendorong daya cipta seni yang mendukung masa depan yang lebih baik. Kita harus memahami proses cipta karya seni untuk mencapai tujuan tersebut. Untuk memahami proses tersebut, kita perlu tahu terlebih dahulu siapa pencipta karya seni tersebut. Kita juga perlu mempelajari ketrampilan, pengetahuan, dan teknik seperti apa yang diperlukan untuk menghasilkan sesuatu yang baru. Kalau suatu karya seni akan masuk ke dalam kehidupan suatu masyarakat, maka para "penjaga pintu" harus menerima karya seni tersebut. Yang dimaksud dengan "penjaga pintu" dalam masyarakat adalah orang-orang yang sangat berpengaruh dalam penerimaan sesuatu yang baru. Kita perlu mengetahui siapa saja para "penjaga pintu" tersebut. Kita juga perlu mengetahui apa saja yang menjadi batasan atau kebiasaan yang bisa menghalangi penerimaan karya-karya seni baru. Siapa saja orang berpengaruh dalam penerimaan karya seni baru tersebut sehingga dihargai, dipelajari, dan diteruskan oleh masyarakat setempat.

Kita tidak menganggap bahwa tradisi sebagai sesuatu yang tidak pernah berubah, sebab setiap kali tradisi itu diturunkan kepada generasi berikutnya, akan ada perubahan kecil atau besar dalam tradisi itu. Seorang seniman setempat bisa menciptakan sesuatu yang lama-kelamaan menjadi sebuah tradisi. Tradisi bertahan ketika orang tetap termotivasi untuk menyebarkannya. Masyarakat mempertahankan motivasi ketika struktur sosial dan sumber daya mendukung daya cipta mereka. Sejarawan makanan John Edge mengatakan, "Tradisi adalah inovasi yang berhasil."[5]

Seringkali seniman melihat dunia dari sudut pandang yang berbeda dengan orang lain. Kadang mereka merasa terdorong untuk mengubah tradisi. Kita ingin mendorong para seniman untuk berkarya bagi Allah dan KerajaanNya. Berkarya bagi Allah pasti meningkatkan daya cipta mereka karena mereka lebih dekat dengan Sang Pencipta.

---

[5] John T. Edge, Twitter post, February 12, 2010, 6:49 a.m., http://twitter.com/johntedge/status/9009036481.

Pada mulanya, Allah menciptakan
- Langit dan bumi,
- Siang dan malam,
- Air dan tanah,
- Tumbuhan dan hewan,
- Laki-laki dan perempuan.

Allah menciptakan ex nihilo (dari ketiadaan).

Apa yang tidak ada, sekarang ada,

Dan itu baik.

Allah menciptakan kita menurut gambarNya.

Salah satu cara kita mencerminkan gambarNya adalah dalam keinginan dan kemampuan kita untuk menciptakan sesuatu.

Kita membuat
- Kota-kota dan bendungan,
- Rumah dan toko,
- Pakaian dan mebel,
- Cerita, lagu, tarian, dan topeng.

Kita membuat ex creatio (dari apa yang Allah buat)
- Setiap kali kita menulis surat atau email.
- Ketika kita menyapa atau menghibur orang.
- Ketika kita memasak makanan, bermain atau menari.
- Ketika kita melukis potret atau membuat sketsa kartun.
- Setiap kali kita melakukan sesuatu dengan cara yang tidak pernah ada sebelumnya untuk suatu tujuan atau konteks yang tidak persis mengulang tujuan atau konteks sebelumnya ... kita bertindak seperti Allah.

Kasih mendorong kita untuk mengambil satu prinsip lagi, untuk:
- Memuridkan putra dan putri, serta sanak-saudara kita.
- Mengutus seseorang menulis lagu atau puisi atau membuat kursi.
- Membantu seseorang menerjemahkan Alkitab ke dalam bahasanya.
- Membantu para pengungsi.
- Mengasuh anak.

Setiap kali kita memberi semangat atau mendorong orang lain untuk menciptakan sesuatu, kita melakukan salah satu tindakan kasih yang tertinggi, paling memuaskan dan abadi.

Kita bukan Allah tetapi daya cipta mengalir melalui kita.

Dalam hal itulah, kita sama seperti Dia.

1. Diskusikan contoh-contoh lain kapan Allah menciptakan sesuatu.
2. Berikan contoh kapan saudara telah menciptakan sesuatu.
3. Berikan contoh kapan saudara telah membantu orang lain untuk menciptakan sesuatu.

Siapa yang kita dorong?

Kebanyakan orang di dunia ini menggunakan lebih dari satu bahasa. Mereka juga menunjukkan dan menikmati musik, tarian, cerita dan seni lainnya dari berbagai tradisi dan tempat. Setiap masyarakat memiliki kesenian campuran yang unik, yaitu kesenian daerah, regional, nasional, dan internasional. Bagaimana saudara bisa terlibat? Jawaban saudara tergantung pada dua hal: 1. Bagaimana masyarakat saudara berperan dalam penyebaran sejarah gereja (misi); 2. Panggilan khusus untuk saudara.

Tiga Pendekatan Kesenian dalam Pelayanan

Secara historis, orang Kristen telah melakukan pendekatan penyebaran iman mereka dalam tiga cara:

1. Membawa–Mengajarkan,
2. Membangun Jembatan Baru, dan
3. Menemukan–Mendorong.

Meskipun ketiga pendekatan ini berbeda, namun ketiga pendekatan tersebut juga saling mempengaruhi.

Pada kerangka pendekatan "Membawa - Mengajarkan," orang yang bekerja secara lintas budaya membawa kesenian mereka untuk diajarkan kepada orang-orang dari budaya lain. Akibatnya mereka mengajar kesenian asing untuk masyarakat setempat. Sepanjang sejarah gereja, pekerja lintas budaya telah melakukan cara ini, dan sekarang masih terus terjadi. Pendekatan "Membawa - Mengajarkan" ini bisa mengakibatkan adanya satu cara komunikasi seni umum yang menyatukan orang-orang di seluruh dunia. Terkadang hal ini memberikan kontribusi untuk campuran budaya yang memuaskan dan menyenangkan. Namun, pendekatan "Membawa - Mengajarkan" juga memiliki kekurangan dan membahayakan. Pendekatan ini sering mengakibatkan kesalahpahaman dengan perasaan dan pesan yang ada dalam kesenian itu sendiri. Masyarakat setempat merasa bahwa Allah itu asing bagi mereka. Seniman setempat merasa tidak dihargai dan dilemahkan. Masyarakat setempat merasakan bahwa kepercayaan Kristen tidak relevan dengan budaya mereka.

Untuk orang yang melakukan pendekatan "Membangun Jembatan Baru," mereka belajar cukup tentang kesenian masyarakat lain untuk mempengaruhi cara masyarakat setempat menggunakan kesenian mereka dalam pelayanan. Sebagai contoh misalnya, ahli terapi seni yang menggunakan materi lokal atau lagu-lagu lokal untuk menuntun anak-anak yang menderita sakit melewati masa-masa proses penyembuhan. "Membangun Jembatan Baru" juga dapat mencakup gabungan antara karya seni dari budaya yang berbeda untuk tujuan umum, dan kemudian karya yang dihasilkan tersebut memiliki ciri khas lebih dari satu tradisi.

Kerangka "Membangun Jembatan Baru" tidak memerlukan banyak waktu untuk mencapai tujuan. Kerangka ini cocok dipakai untuk masyarakat yang mengalami trauma. Masyarakat yang pernah mengalami trauma sering tidak memiliki tenaga atau sumber daya untuk mengangkat kesenian mereka sendiri. "Membangun Jembatan Baru" adalah pilihan yang baik bagi masyarakat yang tidak memiliki sumber daya. Hal itu juga membangun hubungan adanya saling ketergantungan yang sehat dimana semua orang berbagi kesenian mereka secara merata. Namun, masalah sering timbul kalau pekerja lintas budaya dianggap lebih penting daripada seniman setempat. Status sosial orang luar yang lebih tinggi dapat mengurangi keberanian dan tekad para seniman setempat. "Membangun Jembatan Baru" seperti ini dapat menghasilkan hal-hal yang tidak berkelanjutan dan kerjasama yang tidak berakar pada tradisi. Budaya lokal kemungkinan tidak akan bertahan.

Pada kerangka "Menemukan dan Mendorong," pekerja lintas budaya (atau bisa juga orang yang berasal dari masyarakat tersebut) melakukan pendekatan kepada seniman setempat dan belajar kesenian daerah. Kita belajar kesenian daerah dengan tujuan mendorong seniman setempat untuk menciptakan karya seni lokal yang baru. Kita ingin mendorong daya cipta orang lain. Dengan begitu maka kesenian baru mengalir secara wajar dari masyarakat. Pendekatan seperti ini biasanya membutuhkan hubungan jangka panjang dengan masyarakat. Cara ini juga membutuhkan komitmen untuk belajar secara terus-menerus.

Semua kerangka di atas mempunyai kelemahan, tetapi panduan ini disusun untuk orang yang bekerja dengan menggunakan kerangka pendekatan yang ketiga, yaitu "Menemukan dan Mendorong." Kami mendorong saudara untuk menggunakan kerangka ketiga ini karena kami melihat Yesus sebagai contoh utama kita. Dia meninggalkan budaya sorgawi untuk menjadi manusia. Dia belajar bagaimana berjalan, bicara, menyanyi, dan berpakaian dengan cara yang sama dengan masyarakat di mana Dia tinggal selama hampir tiga puluh tahun, sebelum Dia melayani mereka secara penuh (Fil. 2). Sama seperti Yesus, kita harus hidup bersama masyarakat setempat, belajar dari mereka, baru setelah itu melayani mereka.

Diskusikan contoh yang pernah saudara lihat dari ketiga kerangka pendekatan di atas: Membawa & Mengajarkan, Membangun Jembatan Baru, serta Menemukan dan Mendorong.

Panggilan Khusus Saudara

Ada tiga cara untuk membantu saudara memutuskan bagaimana memakai bakat, waktu, dan tenaga saudara yang terbatas dalam suatu masyarakat.

Pertama, meminta Tuhan untuk menunjukkan di mana Dia bekerja. Ingat bahwa suaraNya mungkin tidak terlalu keras, tetapi suara itu sangat jelas.

Kedua, bersama masyarakat setempat memutuskan bagaimana dan di mana saudara akan bekerja. Yang paling penting, bakat saudara dapat dipakai untuk menjawab kebutuhan masyarakat.

Ketiga, berilah perhatian yang lebih kepada seniman setempat yang mewakili kesenian asli setempat. Kita mau fokus kepada para seniman setempat karena mereka memiliki keterampilan dan pengetahuan yang unik. Seringkali, keterampilan dan pengetahuan mereka terancam punah. Untuk mengembangkannya, masyarakat perlu mencari jalan tengah antara tradisi yang asli dengan inovasi yang baru. Karya seni lokal adalah bentuk kesenian yang bisa diciptakan, dipentaskan, diajarkan, dan dipahami oleh masyarakat itu sendiri.

Berikan contoh dimana Allah mungkin bekerja dalam komunitas saudara.

Sebutkan bakat khusus, ketrampilan, dan pengalaman yang Allah telah karuniakan dalam diri saudara.

Diskusikan apa yang Allah inginkan, pada waktu saudara melakukan pendekatan pada kesenian daerah di masyarakat saudara.

Siapa Melakukan Apa?

Kita ingin membantu sebuah masyarakat – mungkin masyarakat saudara sendiri – untuk mengembangkan kesenian daerah dalam kehidupan mereka. Kita ingin masa depan mereka menjadi lebih baik. Tugas utama kita adalah membantu orang lain menciptakan karya seni baru dengan memakai kesenian daerah. Jika saudara adalah seorang seniman, saudara mungkin perlu mencari kesempatan untuk mengekspresikan bakat saudara sendiri. Namun, tugas utama kita adalah membantu orang lain membuat karya seni yang baru. Panduan ini dimaksudkan untuk membantu saudara agar saudara bisa membantu orang lain.

Seluruh proses "Menciptakan Kesenian Daerah Bersama-sama" memerlukan orang-orang dengan berbagai macam kemampuan, pengetahuan, dan keterampilan. Berikut adalah beberapa ketrampilan yang dibutuhkan:

- kepekaan dan kemampuan dalam berkesenian
- kemampuan meneliti budaya
- hubungan dengan masyarakat di tingkat lokal, regional, dan nasional
- ketrampilan dalam perencanaan
- keterampilan berkomunikasi dalam situasi dan konteks yang berbeda-beda
- kemampuan teknis untuk merekam dan menghasilkan media

Tidak ada satu orang pun atau tipe orang tertentu yang memiliki semua persyaratan yang diperlukan untuk melakukan metode MKDB (Menciptakan Kesenian Daerah Bersama-sama). Panduan ini membantu saudara untuk mengetahui apa yang harus saudara lakukan tetapi tidak untuk menentukan siapa yang harus melakukannya.

Ada dua jenis pegiat seni: Kelompok pertama terdiri dari orang-orang yang berencana untuk melayani di sebuah masyarakat dalam jangka waktu yang lama. Untuk itu mereka memerlukan suatu panduan untuk memulai, merencanakan, dan melaksanakan pekerjaan yang mengacu pada kesenian daerah. Kami berharap bahwa mereka akan menggunakan seluruh buku panduan ini. Kedua, ada sebagian orang yang hanya memiliki sedikit waktu dan tenaga untuk memperkuat seniman dalam sebuah masyarakat. Untuk kelompok kedua ini, mereka dapat membaca sebagian dari panduan ini dan menemukan sesuatu yang bermanfaat untuk pelayanan mereka. Kami telah memberikan beberapa ide untuk menghemat waktu pada pembahasan "Jika Saudara Tidak Memiliki Banyak Waktu," di akhir bab ini. Kami telah menulis sebagian besar panduan ini untuk para pekerja lintas budaya, tetapi panduan ini juga berguna bagi orang-orang yang bekerja di kalangan masyarakat mereka sendiri.

Jika saudara baru mulai melayani di suatu masyarakat, saudara mungkin tidak memiliki ketrampilan untuk menciptakan sebuah karya seni baru dengan memakai kesenian daerah. Peran saudara dalam proses penciptaan karya seni tersebut adalah mendorong masyarakat untuk menciptakan karya seni baru. Saudara dapat membantu merancang kegiatan dan situasi dimana para seniman bisa menciptakan sesuatu yang baru. Saudara dapat membantu masyarakat mengevaluasi dan meningkatkan apa yang sudah dihasilkan. Saudara juga dapat membantu mereka untuk menggunakan karya seni baru agar dapat bertahan lebih lama. Sementara itu saudara dapat belajar kesenian daerah sampai saudara terampil untuk menciptakan karya-karya seni baru. Proses belajar saudara dapat mendorong masyarakat untuk menciptakan karya seni yang baru.[6] Lebih dari itu, kami ingin membantu saudara menjalin hubungan yang lebih dekat dengan masyarakat setempat. Kami ingin karya-karya baru tersebut mendukung masa depan yang lebih baik dalam masyarakat yang dilayani.

Pengalaman dan bakat apa yang bisa saudara terapkan dalam proses MKDB ini?

Pengalaman dan bakat apa yang harus dimiliki seseorang dalam proses MKDB?

Apa peran saudara dalam proses MKDB?

Ringkasan Metode MKDB

Gambar 3 (di bawah) menggambarkan metode yang diajarkan dalam panduan ini. Metode ini memakai proses meneliti dan menciptakan bersama-sama. Simpul di tengah dalam gambar ini melambangkan sebuah acara yang berisi kesenian. Acara kesenian itu menjadi fokus untuk tujuh prinsip yang berikut:

Metode Menciptakan Kesenian Daerah Bersama-sama

1. Mengenal masyarakat dan keseniannya
2. Menentukan tujuan
3. Menghubungkan Seni dengan Tujuan
4. Meneliti kegiatan seni dan jenis kesenian yang terpilih
5. Mendorong daya cipta
6. Meningkatkan kualitas karya baru
7. Terus-menerus memadukan dan merayakan karya baru

Kata "Penelitian" dan "Hubungan" yang ada pada gambar di bawah ini menekankan bahwa semua proses ini harus dilakukan berdasarkan kasih dan pengetahuan kita. Pada dasarnya, kita ingin membantu orang lain menciptakan karya baru.

Gambar 2: Menciptakan Kesenian Daerah Bersama-sama

---

6 Membaca tentang pelayanan Tom Avery dengan suku Canela dari Brasil di buku *Worship and Mission for the Global Church: An Ethnodoxology Handbook* (2013, William Carey Library), Jack Popjes, "Now We Can Speak to God—in Song," bab 73.

Sekarang setiap prinsip akan dijelaskan dengan dua cerita pengalaman: pelayanan keluarga Brian Schrag dan pelayanan June Rumthe. Pada awal 1990-an, Brian dan keluarganya tinggal di Republik Demokratik Kongo (sekarang Zaire). Keluarga Schrag membantu masyarakat menerjemahkan Alkitab ke dalam bahasa mereka, yaitu bahasa Mono. Pada 2010-an, June membantu masyarakat di Tanimbar dengan penerjemahan Alkitab ke dalam bahasa Yamdena.

Prinsip 1: Mengenal Masyarakat dan Keseniannya

Prinsip ini merupakan **pengenalan** informasi dasar tentang sebuah masyarakat. Pertama, pengenalan berarti menjalin hubungan dengan orang-orang dari masyarakat tersebut, kemudian membuat daftar berbagai jenis kesenian yang dipentaskan dalam masyarakat.

Mengenal Masyarakat Mono dan Keseniannya. Ketika Brian dan keluarganya pindah ke desa Bili di Kongo, Brian melihat bahwa anggota gereja menyanyikan lagu-lagu dalam bahasa nasional, bukan dalam bahasa Mono. Beberapa lagu merupakan terjemahan lagu pujian dari Eropa dan Amerika. Beberapa lagu dinyanyikan dengan gaya pop nasional. Di luar gereja, orang-orang Kongo bermain dan menyanyikan lagu dengan jenis musik yang sangat berbeda. Mereka bermain musik dan bernyanyi dalam bahasa Mono. Sebelum Brian bisa membantu mereka menciptakan lagu dengan gaya dan bahasa Mono, dia perlu tahu lebih banyak tentang musik setempat. Dia bertemu dengan para pemimpin gereja setempat untuk berbicara tentang bentuk kesenian mereka. Bersama Brian, mereka membuat daftar kegiatan sosial, seperti ketika orang Mono membuat musik dan tari tradisional. Kegiatan yang dibahas termasuk tarian sosial, upacara penyambutan, ekspresi pribadi, dan pemberian nasihat dengan *kundi* (kecapi lokal) – sebuah jenis kesenian rakyat yang disebut *gbaguru*.

Mengenal Masyarakat Tanimbar dan Keseniannya. Masyarakat Yamdena begitu menjunjung tinggi adat istiadat dan kesenian mereka. Nyanyian dan tarian selalu dibawakan beriringan dalam setiap siklus dan musim. Untuk mengenal budaya masyarakat Yamdena secara lebih dekat June berusaha menghadiri tiap pertemuan adat dan acara yang diadakan di desa. Dia juga mewawancarai beberapa pemuka adat dan masyarakat untuk menggali informasi tentang peristiwa adat yang sedang berlangsung. Sepertinya cukup jelas masyarakat memisahkan antara hal-hal yang bersifat tradisi dengan hal-hal rohani. Di dalam ibadah Minggu June hanya mendengar jemaat menyanyikan terjemahan lagu pujian dari Eropa dan Amerika dengan gaya musik klasik atau pop. Padahal orang Yamdena punya tarian, nyanyian, tipa (alat musik yang ditabuh yang dari batang kayu dengan tutup kulit binatang) juga gambus empat tali.

Prinsip 2: Menentukan Tujuan

Sebuah masyarakat pasti ingin mencapai tujuan agar masa depan mereka lebih baik. Ada beberapa kategori tujuan agar masa depan lebih baik: Identitas Lokal, Damai Sejahtera, adanya Kitab Suci, Kehidupan Bergereja, dan Kehidupan Rohani. Tentukan apa yang menjadi tujuan masyarakat setempat, setelah itu ciptakan karya baru yang dapat membantu mereka mencapai tujuan tersebut.

Menentukan tujuan bersama Masyarakat Mono. Dalam suatu pertemuan para pendeta dan penatua membahas berbagai tujuan musik yang ada di dalam Alkitab. Mereka berbicara tentang fakta bahwa Allah menciptakan setiap orang menurut gambar-Nya. Mereka mengatakan bahwa mereka tidak menggunakan alat musik Mono di gereja selama ini karena penginjil terdahulu melarang penggunaan alat musik lokal di gereja. Lima puluh tahun yang lalu, penginjil pertama menasihati mereka untuk membakar segala sesuatu yang berkaitan dengan kehidupan tradisional mereka. Berdasarkan ajaran Alkitab, sekarang para pemimpin menyadari bahwa Tuhan ingin agar mereka merebut kembali musik mereka untuk tujuan-Nya. Tujuan Allah termasuk penggunaan musik lokal dalam ibadah secara bersama. Mereka ingin berhubungan dengan Tuhan memakai cara-cara baru yang lebih dalam. Mereka ingin tahu tentang kemungkinan dan kesempatan baru tersebut.

Menentukan tujuan bersama Masyarakat Tanimbar. Penerjemahan Alkitab bahasa-bahasa di Tanimbar sudah berlangsung sejak dua puluhan tahun silam. Namun belum banyak yang menyadari tujuan kehadiran gereja di tengah dunia. Sehingga menghadirkan Kerajaan Allah lewat bahasa dan budaya yang paling dimengerti bukanlah menjadi hal yang prioritas. June dan yayasan setempat terus menerus membangun hubungan dengan para pemimpin gereja lokal dan mendorong mereka untuk pemakaian hasil-hasil terjemahan dalam kehidupan berjemaat. Mereka menghadiri pertemuan-pertemuan baik di tingkat jemaat, klasis maupun sinode untuk membuka wawasan para pemimpin gereja. Mereka menceritakan perubahan hidup sebagai dampak ketika orang mendengar firman dalam bahasa yang paling mereka mengerti dan hal itu seperti membuka mata para pemimpin gereja. Mereka baru menanyakan diri mereka, "Mengapa kita tidak memakai apa yang sudah Allah berikan kepada kita untuk membawa umat lebih dekat kepadaNya?" Bahasa, budaya, kesenian sudah Allah ciptakan, kita patut memakainya untuk kemuliaanNya. Dalam satu persidangan tingkat sinode, tercetuslah satu rekomendasi yang menjadi keputusan bersama para pemimpin gereja yang hadir pada saat itu. Keputusan tersebut yakni: Untuk pembinaan rohani umat maka akan dilaksanakan ibadah etnik/kontekstual di tiap-tiap jemaat paling sedikit satu kali dalam satu bulan, dengan menggunakan bahan-bahan lokal rohani yang telah tersedia baik itu firman maupun nyanyian. Lewat keputusan ini maka gereja semakin terbuka menerima dan memakai bahasa dan kesenian daerah dalam ibadah raya maupun ibadah rumah tangga.

Prinsip 3: Menghubungkan Seni dengan Tujuan

Setelah masyarakat menentukan tujuan mereka, saudara dapat memutuskan secara bersama-sama: dampak, bentuk kesenian, isi pesan, dan kegiatan seni untuk mendukung tujuan tersebut.

Memilih Kegiatan seni, Jenis Kesenian, Isi pesan, dan Dampaknya bersama Masyarakat Mono. Para pemimpin ingin agar umat Kristen memahami Alkitab lebih baik. Mereka juga ingin agar orang-orang Kristen menghargai tradisi dan budaya Mono. Mereka percaya bahwa suasana ibadah adalah kesempatan terbaik untuk menunjukkan karya seni yang baru diciptakan. Mereka juga memutuskan bahwa *gbaguru* adalah jenis kesenian terbaik yang perlu diuji coba dalam ibadah. *Gbaguru* biasanya dipakai untuk menyampaikan nasihat, jadi jenis ini cocok untuk menyampaikan pesan alkitabiah, oleh karena itu, para pemimpin gereja merasa bahwa mereka bisa menggunakan *gbaguru* dalam ibadah.

Memilih Kegiatan seni, Jenis Kesenian, Isi pesan, dan Dampaknya bersama Masyarakat Tanimbar. Salah satu kesenian masyarakat Tanimbar yang terkenal di Tanimbar yakni *foruk*. *Foruk* adalah nyanyian tradisonal, yang biasanya dibawakan dalam pertemuan-pertemuan adat. Oleh karena *foruk* identik dengan nyanyian doa kepada para leluhur, pada zaman dahulu *foruk* tidak dapat dibawakan dalam ibadah. Namun dalam prakteknya *foruk* ternyata juga bisa dipakai untuk memberikan nasihat atau menyampaikan pesan-pesan positif. Dengan mengacu kepada keputusan gereja untuk melakasanakan ibadah kontekstual, Pendeta Herry memberanikan diri untuk mengawali khotbahnya dengan membawakan sebuah *foruk*. *Foruk* rohani yang dibawakan itu ditulis berdasarkan kitab Mat. 6:33. Suasana hening dan senyap dalam gereja. Semua orang berusaha mendengarkan dengan penuh perhatian, tidak sedikit orang tua yang menitikan air mata. Ternyata khotbah bisa juga dinyanyikan, kata Pendeta Herry yang sudah memberanikan diri memakai karya seni baru dalam ibadah.

Prinsip 4: Meneliti kegiatan dan jenis kesenian yang terpilih

Menciptakan karya baru dengan memakai jenis kesenian daerah untuk tujuan tertentu diperlukan pengetahuan, keterampilan, dan hikmat. Saat kita pertama kali dihadapkan dengan bentuk seni yang baru, biasanya kita salah mengerti dan salah menilainya. **Prinsip 4** menolong kita mengerti lebih dalam mengenai bentuk seni dan artinya. Semakin saudara dan masyarakat setempat mengerti unsur-unsur yang ada pada salah satu jenis kesenian, maka saudara dan masyarakat setempat bisa memakai jenis kesenian tersebut untuk mencapai tujuan masyarakat.

Meneliti sebuah kegiatan seni bersama Masyarakat Mono. Didorong oleh keinginan Brian sendiri, dia belajar tentang *kundi*. *Kundi* adalah alat musik yang digunakan untuk mengiringi lagu-lagu *gbaguru*. Brian bertanya kepada teman-temannya orang Mono, siapa orang yang pintar memainkan *kundi*, dan semua orang mengatakan bahwa Punayima Kanyama adalah orang yang paling pintar. Kemudian, Brian meneliti bagaimana cara bermain *kundi* bersama Punayima dalam beberapa kegiatan seni. Dia merekam kegiatan tersebut, menyalin melodi dan liriknya, serta belajar bagaimana memainkan jari-jarinya. Punayima juga mengajarkan kepada Brian menyanyikan beberapa lagu *gbaguru*. Lagu-lagunya memperdalam wawasan Brian pada bentuk dan tema dari jenis *gbaguru*. Sebagai contoh, Brian belajar bahwa lirik *gbaguru* biasanya mengandung peribahasa Mono. Dia menemukan bahwa pada waktu pertunjukan biasanya dipentaskan oleh para pria. Melodi vokal biasanya mengikuti kata-kata dalam lirik lagu. Terakhir, pencipta lagu biasanya membutuhkan waktu untuk menyendiri saat membuat lagu-lagu baru.

Meneliti sebuah kegiatan seni bersama Masyarakat Tanimbar. Rasa ingin tahu June tentang kesenian tradisional ini cukup tinggi. Dia kemudian menggali informasi tentang *foruk* dari beberapa orang. Dia juga merekam beberapa ibu yang sering membawakan *foruk* dan mempelajari tema, jenis dan liriknya. Aslinya *foruk* adalah nyanyian akapela. Jika dibawakan dalam tarian maka terkadang bisa diiringi dengan tabuhan *tipa*. Dalam beberapa kesempatan di acara pembukaan lokakarya penggunaan bahasa lokal dalam pelayanan ibadah, June mencoba membawakan sebuah *foruk* yang dia ciptakan berdasarkan Matius 4:4. Lirik sederhana dengan pengulangan bagian mendengar firman sebagai penegasan bahwa manusia juga bisa hidup melalui mendengar firman yang keluar dari mulut Allah. Nyanyian itu memecah keheningan dan meresap dalam relung hati umat yang paling dalam. Kesenian *foruk* sudah ditebus bagi kemuliaan Allah.

Prinsip 5: Mendorong daya cipta

Kalau kita berharap agar orang menciptakan karya baru, seringkali kita harus melakukan sesuatu untuk menumbuhkan daya cipta mereka. Saudara bisa mendorong daya cipta mereka dengan usulan sederhana seperti menyarankan seseorang mengukir topeng atau menciptakan lagu. Untuk mendorong daya cipta ini biasanya memerlukan banyak tenaga dan waktu. Contohnya kegiatan lokakarya, pendampingan, penugasan, lomba, dan festival. Seniman setempat juga bisa mengubah kegiatan kesenian yang selama ini sudah ada. Sebaiknya, dalam mendorong daya cipta ini kita melibatkan semua orang yang ingin memakai karya baru dalam masyarakat mereka, termasuk pihak-pihak terkait yang ada.

Mendorong daya cipta Masyarakat Mono. Suatu kali Brian bertanya kepada masyarakat Mono, siapa orang yang bisa menulis lagu rohani dengan gaya musik *gbaguru* untuk ibadah raya. Karena penginjil mula-mula dulu telah menyuruh orang Kristen Mono membakar alat musik mereka, maka tak seorang pun di gereja yang tahu bagaimana cara memainkan alat musik *kundi*. Brian kemudian membahas hal ini dengan para pemimpin, lalu mereka memutuskan bahwa mereka akan memilih beberapa orang gereja untuk belajar memainkan *kundi* dari seorang guru *kundi*, yaitu Punayima. Mereka bertemu setiap minggu. Punayima mengajarkan kepada mereka bagaimana cara membuat *kundi* dan bagaimana menyetelnya. Kemudian ia juga mengajarkan mereka untuk memainkan beberapa lagu.

Mendorong daya cipta Masyarakat Tanimbar. Dalam kerja sama yayasan dengan pemerintah daerah dalam hal ini dinas pendidikan dan dinas pariwisata, kemudian diadakan beberapa lomba diantaranya lomba *foruk*. Pemerintah juga mendorong para seniman lokal untuk mencipta dan memperkenalkan kesenian *foruk* kepada generasi muda. Dalam beberapa event besar gereja, *foruk* dibawakan oleh beberapa anak muda.

Prinsip 6: Meningkatkan Kualitas Karya Baru

Evaluasi adalah salah satu kegiatan yang sangat penting dalam proses MKDB. Kita ingin agar anggota masyarakat mau memakai karya seni barunya dalam kehidupan mereka. Kita juga ingin agar karya baru ini memenuhi kebutuhan rohani, sosial, dan fisik mereka. Evaluasi membantu anggota masyarakat membuat kesenian yang belum sempurna menjadi lebih baik.

> ***Meningkatkan kualitas karya baru bersama Masyarakat Mono.*** Pada awalnya, kami tidak mengevaluasi lagu-lagu yang dibuat Punayima maupun lagu-lagu lainnya. Namun setelah itu kami memutuskan perlu adanya proses di masyarakat Mono untuk mengevaluasi dan meningkatkan kualitas lagu baru berdasarkan Alkitab. Penerjemah Alkitab memeriksa ketepatan dan kejelasannya sedangkan musisi Mono memeriksa musiknya.

> ***Meningkatkan kualitas karya baru bersama Masyarakat Tanimbar.*** Hingga saat ini memang belum ada dokumentasi khusus untuk *foruk*. June mendorong beberapa orang untuk mulai mendokumentasi dan mengevaluasi penggunaannya dalam masyarakat. Salah seorang yang berkomitmen tinggi adalah ketua yayasan lokal tempat June bekerja. Sebagai seorang pemuka adat yang juga pegiat seni lokal, beliau berkomitmen untuk meningkatkan karya seni lokal di Tanimbar baik itu nyanyian maupun tari-tarian. Dalam satu kesempatan, beliau berhasil mengkoordinir sebuah tarian yang dibawakan oleh 1000 penari. Event tersebut medapat perhatian internasional dan mendapat penghargaan MURI (Museum Rekor Dunia Indonesia). Selain memecah rekor MURI, tarian yang diawali dengan *foruk* ini juga telah memecahkan kekakuan budaya dan mendudukkan nilai sakral pada porsinya.

Prinsip 7: Terus-menerus memadukan dan memasyarakatkan karya-karya baru

Kita ingin mendorong seniman setempat untuk terus-menerus menciptakan karya baru dan memadukannya dalam kehidupan masyarakat. Untuk melakukan hal ini, mereka harus mengajarkan karya baru tersebut kepada masyarakat. Mereka perlu terus-menerus merancang kegiatan yang dapat mendorong tumbuhnya daya cipta. Setiap kegiatan harus ada sesi di mana peserta juga merancang bagaimana memadukan karya baru tersebut dalam kehidupan mereka.

> ***Terus-menerus memadukan dan memasyarakatkan karya-karya baru bersama Masyarakat Mono.*** Beberapa orang Kristen yang sudah belajar *kundi* membentuk kelompok *kundi*, yang disebut *Chorale Ayo* (Kor Kasih). Suatu kali, Punayima menciptakan sebuah lagu yang menceritakan tentang penciptaan pria dan wanita. Ketika mereka memainkan *kundi* dan menyanyikan lagu tersebut dalam ibadah, jemaat yang biasanya semangat, kali ini hanya tenang dan diam. Melihat hal itu Brian jadi khawatir, dalam hatinya, "Jangan-jangan kami membuat kesalahan, atau menyebabkan orang berpikir bahwa ini penyembahan berhala." Setelah ibadah selesai, Brian bertanya kepada seorang temannya, "Mengapa semua orang begitu diam?" Dia menjawab, "Habis mau gimana lagi? Lagu tadi begitu menyentuh hati kami!"

> *Chorale Ayo* terus bernyanyi dalam ibadah. Beberapa murid mulai menciptakan lagu sendiri. Beberapa waktu kemudian terjadilah

perang di daerah Mono. Beberapa tahun kemudian setelah perang selesai, beberapa kelompok *kundi* baru seperti *Chorale Ayo* mulai bermunculan di desa-desa lainnya. Akan tetapi, hanya gereja Protestan saja yang menggunakan musik lokal di dalam ibadah mereka. Brian ingin melibatkan lebih banyak orang lagi dalam hal musik, untuk itu dia berencana membuat acara (dalam bahasa Mono disebut *fête*), yaitu perayaan besar untuk merayakan ibadah ucapan syukur rumah baru mereka. Brian menugaskan Punayima untuk menciptakan beberapa lagu lokal yang akan ditampilkan dalam acara tersebut. Pada malam perayaan itu, ratusan orang dari semua status sosial mendengarkan ajaran Tuhan lewat lagu-lagu tersebut. Di antara lagu-lagu tersebut, termasuk juga lagu perumpamaan Yesus tentang rumah yang dibangun di atas batu dan pasir (Mat. 7:24-27).

Terus-menerus memadukan dan memasyarakatkan karya-karya baru bersama Masyarakat Tanimbar. Hasilnya mungkin bukan *foruk*, tapi June menyebutnya *semi-foruk*. Dengan tetap memakai unsur dan ciri utama *foruk*, memadukannya dengan tabuhan *tipa*, dan ukulele atau gambus, menjadikan suatu karya cipta baru untuk menyampaikan nasihat, untuk menyatakan kasih Allah yang besar bagi umat manusia. Ini perlu keberanian untuk mencoba. Masyarakat Tanimbar tidak akan menerima dan menggunakan sampai mereka melihat dan mengalami langsung dampak penggunaan kesenian daerah sama seperti para pemimpin gereja yang berkomitmen untuk mulai memakai bahasa dan kesenian daerah dalam ibadah-ibadah kontekstual setelah menyaksikan dampak bagi kehidupan umat. Dari satu lokakarya cipta lagu etnik rohani di klasis Tanimbar utara, telah terbentuk sebuah grup musik lokal. Grup ini membawakan lagu-lagu rohani bergaya lokal tetapi ada juga beberapa lagu yang dipadu dengan gaya pop. Dengan memasukkan unsur kekinian pada lagu diharapkan lagu ini dapat diterima dan dinikmati oleh generasi zaman sekarang.

Bagaimana Menggunakan Buku Panduan Ini
Sebuah Panduan yang Fleksibel

Kita sudah ada panduan mengenai bagaimana proses *Menciptakan Kesenian Daerah Bersama* sebagai prinsip-prinsip atau tahapan yang berurutan. Namun, dalam pelaksanaannya prinsip-prinsip ini jarang ada yang mengikuti sesuai dengan urutan yang ditentukan. Dalam pelaksanaan proses ini kita sering mendapati bahwa satu prinsip/tahapan kadang-kadang harus diulangi. Misalnya, untuk **memperbaiki** satu cerita yang baru dibuat, mungkin kita perlu melakukan penelitian lebih lanjut tentang ciri khas puisi dan cerita rakyat. Itu berarti kita harus kembali ke prinsip **meneliti**. Seringkali, beberapa tahapan/prinsip tersebut berjalan secara bersamaan. Misalnya, kalau kita **mendorong** daya cipta agar seniman menciptakan sesuatu maka kita harus membantu mereka **meningkatkan** karya tersebut serta terus-menerus **memadukan** dan merayakannya. Intinya, kita perlu bekerjasama dengan masyarakat setempat untuk terus-menerus belajar bersama dan meningkatkan kesenian yang dibuat. Anggaplah prinsip-prinsip ini sebagai kerangka yang bisa membantu kita jika kita belum tahu apa yang harus dibuat, dan kerangka ini bisa dirubah sesuai dengan kebutuhan.

Fitur Buku Panduan
Dalam buku panduan ini, gambar ini: menunjukkan bahwa teks berikut merupakan kegiatan yang bisa dilakukan. Aktivitas ini membantu kita untuk menemukan gambaran singkat tentang unsur yang paling penting untuk dipertimbangkan. Sedangkan sebuah blok konten berbayang memperkenalkan konten yang akan sangat membantu.

Beberapa Saran dan Dorongan

Mendiskusikan tentang proses MKDB bersama Para Pemimpin Masyarakat maupun Pemimpin Lembaga

Sebaiknya, saudara membicarakan tentang proses MKDB bersama para pemimpin masyarakat. Kalau saudara berasal dari suatu yayasan atau lembaga dari luar, maka sebaiknya semua pemimpin yang terlibat perlu memahami tujuan dan proses dalam panduan ini.

Selalu Meneliti

Penelitian akan selalu membantu kita dalam pelaksanaan proses MKDB ini. Kalau saudara tidak yakin dengan apa yang harus saudara lakukan, bertanya kepada seniman tentang kesenian daerah, berlatih kesenian daerah, atau mengamati acara kesenian. Semua hal ini menolong kita belajar. Ketika kita belajar tentang kesenian, kita menunjukkan kasih bagi para anggotanya karena kita ingin menunjukkan bahwa kita peduli pada apa yang paling penting bagi mereka.

Hubungan Dengan Masyarakat Harus Diutamakan

Prioritas utama kita adalah kebaikan untuk manusia secara utuh. Kita tidak ingin *hanya* belajar bentuk kesenian daerah, jadi kita harus fokus dalam menjalin hubungan baik dengan orang. Kalau perlu, mendapatkan izin untuk melakukan penelitian. Kalau kita ada hubungan yang baik dengan masyarakat setempat, baru kita punya hak untuk mengajukan pertanyaan. Hargailah aturan masyarakat setempat (misalnya, jangan berharap untuk mempelajari upacara adat perempuan jika saudara seorang laki-laki). Hubungan baik akan memungkinkan kita untuk lebih mengerti kehidupan mereka. Kita harus ingat bahwa walaupun kita sangat peduli pada kesenian, kita harus lebih peduli pada sesama kita.

Bagaimana Jika Masyarakat Tidak Menginginkan Bantuan Kita?

Kalaupun kita telah mempraktekkan segala sesuatu dalam panduan ini dengan sempurna, rendah hati, dan hormat (biarpun itu mustahil), bisa saja kita mengalami perlawanan. Masyarakat setempat mungkin tidak menghargai seniman. Teologi atau ideologi mungkin melarang beberapa jenis kesenian untuk digunakan dalam konteks tertentu. Pengalaman sebelumnya dengan mencoba melakukan hal-hal baru dengan kesenian mungkin dapat mengganggu proses kita. Tantangan dari tradisi lama juga dapat menghalangi proses ini. Penghargaan yang kurang terhadap pentingnya kesenian juga dapat mempengaruhi proses ini. Proses MKDB dalam sebuah masyarakat bisa mengurangi hal negatif seperti ini, tapi kalau tetap ada tantangan seperti ini, nasihat berikut mungkin dapat membantu kita:

1. Melindungi, mendoakan, mengasihi, dan mendukung para seniman yang bekerja dengan saudara. Setiap kali mereka menciptakan karya baru, ada kemungkinan karya itu tidak akan diterima, jadi mereka perlu dukungan saudara.

2. Kalau bisa, bekerja di dalam struktur kepemimpinan yang sudah ada. Kadang-kadang struktur tersebut tidak mendukung kesenian karena kesenian itu bisa menyampaikan kebenaran yang tidak diterima oleh pemimpin. Namun, kalau kita bisa bekerja dengan pemimpin setempat, ada kemungkinan besar proses ini akan berkelanjutan.

3. Memulai dengan sebuah program perintisan saja. Membantu menciptakan beberapa contoh kesenian daerah untuk bisa ditunjukkan kepada tokoh masyarakat. Prinsip ini dapat membuka pintu untuk kita menindaklanjuti proses ini.

4. Menjadi seorang yang teguh tetapi juga menyenangkan dalam hubungan dengan orang lain.

5. Jangan takut untuk mencoba sesuatu yang baru biarpun gagal. Menjadi seorang yang rendah hati dan sadar bahwa rencana Allah bagi masyarakat tidak akan persis sama dengan apa yang saudara pikirkan.

6. Berdoa. Tuhan selalu akan menyertai dan mengarahkan kita, karena kita bekerja untuk kerajaanNya. Ingat ayat firman Tuhan ini: "Tetapi apabila di antara kamu ada yang kekurangan hikmat, hendaklah ia memintakannya kepada Allah, –yang memberikan kepada semua orang dengan murah hati dan dengan tidak membangkit-bangkit–, maka hal itu akan diberikan kepadanya. (Yak. 1: 5).

Sedapat Mungkin, Menolong Pemimpin Membuat Rencana Untuk Memakai Karya Baru

Karya baru seringkali tidak dipergunakan karena masyarakat, yayasan, atau gereja tidak merancang untuk memakai kesenian tersebut. Untuk itu sebaiknya kita mempelajari bagaimana masyarakat dan pihak-pihak yang terkait membuat keputusan supaya kita dapat menggunakan proses tersebut untuk mendorong pemaduan karya baru. Proses MKDB sendiri sudah memasukkan sebuah metode perencanaan dan metode ini bisa disesuaikan dengan keadaan setempat.

Satu peringatan adalah bahwa walaupun kita merencanakan, Allah sering bekerja dengan cara yang tidak bisa kita antisipasi. Memang kita harus membuat rencana, namun kita juga harus siap menerima perubahan yang Tuhan inginkan. Nikmatilah kejutan itu!

Kita Tidak Bisa Melakukan Semuanya, Tetapi Kita Pasti Bisa Membantu

Sejak penciptaan manusia, orang telah menggunakan kesenian dalam masyarakat mereka untuk masa depan yang lebih baik. Sudah jelas, mereka tidak memiliki bantuan dari panduan ini. Kadang-kadang, orang menciptakan karya baru tanpa adanya tujuan yang jelas. Dan kadang-kadang karya itu menyebar dan membantu masyarakat tersebut mendatangkan masa depan yang lebih baik. Jadi sudah jelas juga bahwa bisa saja terjadi hal yang paling positif dengan kesenian walaupun tanpa adanya pemakaian dari panduan proses MKDB ini. Namun begitu, kebanyakan masyarakat merasakan adanya manfaat dengan panduan proses ini.

Setiap masyarakat dan setiap kesenian mempunyai kerumitan masing-masing yang tidak terduga. Bahkan seniman yang paling pandaipun masih harus mempelajari lebih lanjut dan meningkatkan keterampilannya. Juga, akan selalu ada perubahan yang sangat besar dalam budaya dan keadaan dari sebuah masyarakat. Kita tidak mungkin bisa melakukan semua kegiatan yang ada dalam panduan ini, tetapi kita pasti bisa membuat banyak hal untuk membantu masyarakat tersebut. Oleh karena itu, telusuri saja apa yang tampaknya paling berkaitan dan berdampak dalam kehidupan masyarakat.

Jika Saudara Tidak Mempunyai Banyak Waktu

Bagian singkat di bawah ini berisi saran untuk kegiatan seni yang hanya memerlukan sedikit persiapan. Kegiatan ini akan membantu saudara memulai, dan mendorong tindakan lebih lanjut ketika saudara memiliki lebih banyak waktu.

Untuk memulai, carilah jenis kesenian daerah yang mungkin saudara mau pelajari. Mungkin saudara suka satu jenis musik lokal tertentu atau saudara punya pengalaman atau keahlian yang berkaitan dengan bentuk kesenian seperti tari atau menenun. Bentuk kesenian apapun yang dipilih, ingatlah bahwa pada akhirnya saudara perlu mengenal dan mendorong orang yang terlibat dalam kesenian daerah. Carilah cara untuk menjalin hubungan dengan para seniman. Jika saudara hanya dapat melakukan satu hal saja, carilah kesempatan untuk belajar dari para seniman.

KEGIATAN SEDERHANA

- Membuat daftar awal jenis kesenian daerah, dengan menggunakan kegiatan di Prinsip 1.
- Menghadiri acara kesenian dan mencatat apa saja yang saudara bisa pelajari, dalam sebuah buku catatan.
- Mengumpulkan alat musik lokal dan mempelajarinya.
- Menyalin teks lagu.
- Belajar bahasa dan budaya dengan para seniman. Membuat rekaman audio dan video secara sistematis berdasarkan kategori lagu, komposer, acara-acara di desa, atau peribahasa.
- Belajar bermain sebuah alat musik, menyanyi, menari, drama, menenun, atau seni bercerita dalam sebuah jenis kesenian daerah.
- Bicarakan hal-hal berikut dengan teman lokal atau rekan:
  - Sejarah kesenian daerah. Siapa yang menciptakan karya yang digunakan sekarang?
  - Para seniman dianggap orang seperti apa di masyarakat ini?
  - Apakah ada bagian tertentu di dalam kesenian yang memiliki arti yang khusus? Misalnya, warna, bentuk, alat musik, atau motif baju?
  - Apakah ada perbedaan antara kesenian daerah yang dilakukan oleh orang zaman sekarang dengan kesenian yang dilakukan oleh orang pada masa lalu? Apakah anak muda belajar bagaimana melakukannya? Bagaimana orang bisa melakukannya dengan baik?
  - Apakah ada jenis kesenian tertentu yang hanya dapat dilakukan oleh laki-laki atau hanya oleh perempuan atau hanya oleh anak-anak?
  - Bagaimana perasaan orang ketika mereka terlibat dalam acara kesenian?
  - Bagaimana hubungan antara kesenian ini dengan kepercayaan lokal atau agama yang dianut?
  - Apakah ada kesenian yang tidak digunakan di dalam penyembahan kepada Tuhan Allah? Mengapa?

Gambar 3: Kegiatan Sederhana

Motivasi Utama: Catatan tentang Sorga dan Neraka

Kami telah menggunakan Kerajaan Allah sebagai motivasi utama untuk menggunakan buku pedoman ini. Kami ingin umat Tuhan bertindak dengan cara artistik yang menghasilkan lebih banyak bukti tentang Sorga di Bumi ini. Namun, sejauh ini, kami hampir tidak menyebutkan tanda pertama kerajaan Allah dalam komunitas: tanda pertama adalah keberadaan setiap manusia. Tuhan menciptakan manusia menurut gambarNya. Keberadaan setiap anak, wanita, dan pria adalah fakta yang menunjuk ke tempat Tuhan, yaitu Sorga. Bagaimana tanda ini mempengaruhi pekerjaan kita?

Jawaban pertanyaan ini bergantung pada keyakinan kita bahwa keabadian ada dalam dua bentuk yang berbeda: Sorga dan Neraka. Sorga dikaitkan dengan Allah Tritunggal — Bapa, Anak, dan Roh Kudus — dan semua yang baik. Neraka dikaitkan dengan iblis dan semua yang jahat. Di bumi, realitas ini rumit dan membingungkan. Contohnya, Adolf Hitler dengan cemerlang mengembangkan bakat oratorisnya. Pidatonya menyentuh dan membuat orang bersemangat dengan cara yang menyenangkan. Keterampilan kreativitasnya samar-samar mencerminkan keterampilan kreativitas Tuhan. Tetapi Hitler menggunakan bakatnya dengan cara yang kejam, menyebabkan kengerian, keputusasaan, dan penderitaan. Efek negatifnya secara samar mencerminkan keinginan kejam iblis. Kami percaya bahwa realitas Sorga dan Neraka jauh lebih ekstrim dari yang kita bayangkan, baik di Bumi maupun setelahnya.

Kebenaran ini memberi kita beberapa pelajaran. Pertama, kita harus mendekati setiap orang dan bakatnya sebagai sesuatu yang sangat berharga. Seorang pria yang sering bepergian terkadang menemukan bahwa rangsangan baru dari pakaian, gaya rambut, warna kulit, suara, atau bau menimbulkan respons negatif dalam pikirannya. Ketika ini terjadi, dia mengulangi pada dirinya sendiri, "Gambar Tuhan! Gambar Tuhan!" Setiap orang diciptakan menurut gambar Tuhan. Sikap pertama kita terhadap orang harus selalu murah hati dan rendah hati. Kita harus mengharapkan kebaikan dan keindahan. Kedua, kita harus mempelajari Sorga dan Neraka secara alkitabiah dan dengan wawasan yang luas. Ketika kita mengetahui kenyataan ini secara fisik, intelektual, dan emosional, kita dapat lebih memahaminya. Ketiga, kita tidak bisa membiarkan diri kita percaya bahwa rasa sakit dan kegembiraan di bumi adalah akhir dari semua yang ada. Kalau begitu, kita mungkin puas hanya dengan mengurangi kelaparan. Kita mungkin tidak peduli apakah seseorang menghubungkan kepuasan makan dengan Sang Pencipta makanan.

Akhirnya, kita harus mendorong penyebaran semua jenis tanda Kerajaan Allah. Semua tanda itu baik, tetapi kita tidak bisa melupakan bahwa orang perlu mengetahui sumber dari semua kebaikan: Bapa-Anak-Roh Kudus. Kita bisa meminta Tuhan untuk memelihara pemahaman kita tentang Sorga dan Neraka. Keduanya bisa memotivasi kita dengan kuat.

 Luangkan waktu untuk berdoa berkenaan dengan topik di bawah ini. Jika memungkinkan, berdoa dengan menggunakan kesenian - melukis, menggambar, menari, menyanyi, bercerita, atau bentuk lain.

 Berbicara dengan Tuhan tentang apa yang menarik dalam proses ini, kemudian apa yang menakutkan atau mengkhawatirkan dalam proses ini.

 Ingat waktu atau peristiwa dalam hidup saudara yang membawa saudara ke saat ini di mana saudara bisa membantu orang lain dengan proses MKDB ini.

MENCIPTAKAN KESENIAN DAERAH BERSAMA-SAMA (MKDB): SEBUAH RINGKASAN

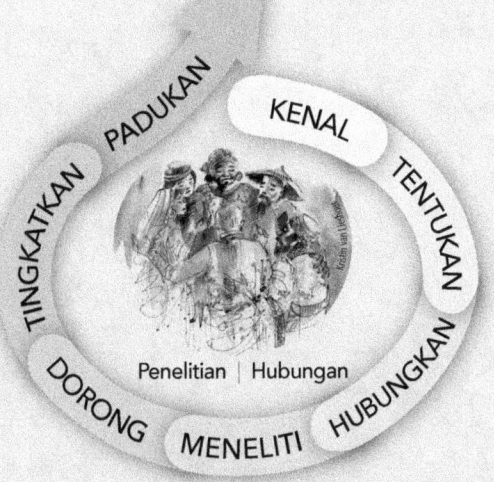

Proses MKDB menunjukkan bagaimana cara untuk membantu masyarakat memanfaatkan kesenian mereka untuk membawa tujuan yang baik dalam masyarakat tersebut. Ada tujuh prinsip dasar untuk menciptakan kesenian daerah bersama-sama. Penelitian mendukung semua itu, menekankan kebutuhan untuk menjadi pembelajar sepanjang waktu. Prinsip-prinsip tersebut adalah:

Prinsip 1: Mengenal Masyarakat dan Keseniannya Belajar tentang sebuah masyarakat dan kesenian daerah di masyarakat tersebut.

Prinsip 2: Menentukan Tujuan Bersama masyarakat setempat, menentukan tujuan untuk masa depan yang lebih baik.

Prinsip 3: Menghubungkan Seni dengan Tujuan Setelah masyarakat menentukan tujuan, saudara dapat memutuskan secara bersama-sama: dampak, bentuk kesenian, isi pesan, dan kegiatan seni yang akan mendukung tujuan tersebut.

Prinsip 4: Meneliti kegiatan dan jenis kesenian yang terpilih Menggambarkan sebuah acara kesenian secara keseluruhan. Menjelaskan bentuk dan gaya kesenian yang diterapkan. Jelaskan hubungan kesenian dengan konteks budaya. Pengetahuan yang mendalam tentang kesenian daerah sangat penting untuk memicu daya cipta. Hal ini juga penting untuk meningkatkan dan memadukan karya baru.

Prinsip 5: Mendorong daya cipta Melaksanakan kegiatan yang telah dipilih oleh masyarakat untuk mendorong daya cipta dari jenis kesenian yang telah mereka pilih.

Prinsip 6: Meningkatkan Kualitas Karya Baru Mengevaluasi karya baru dan meningkatkannya.

Prinsip 7: Terus-menerus memadukan dan memasyarakatkan karya-karya baru Merencanakan dan melaksanakan cara/metode yang dapat mendukung keberkelanjutan kesenian daerah untuk masa depan. Memutuskan konteks dimana kesenian lama dan baru dapat ditampilkan.

Gambar 4: Ringkasan MKDB

PRINSIP 1

MENGENAL MASYARAKAT DAN KESENIANNYA

Prinsip 1 adalah menemukan dan menggambarkan sebuah masyarakat berikut kesenian dan budayanya. Ketika saudara mulai bekerja dengan masyarakat, pengamatan (penelitian) sangat penting. Saudara ingin mencari tahu sebanyak mungkin tentang masyarakat dan seni-budaya komunitas tersebut. Kesenian berasal dari konteksnya dan situasinya, sehingga kalau kita mengetahui tentang kehidupan masyarakat, itu akan membantu kita memahami seni.

Masyarakat mana yang menjadi target saudara? Sebuah masyarakat mempunyai pengalaman bersama-sama cerita tentang suatu peristiwa, tokoh-tokohnya dan ide-idenya yang telah terjadi di masa lalu mereka. Semua orang tahu dan dapat merujuk pada peristiwa, tokoh-tokoh, dan ide-ide tersebut. Pengalaman bersama-sama ini memberikan mereka alasan untuk tetap berkumpul bersama. Sebuah masyarakat juga mempunyai identitas tersendiri. Tanda-tanda identitas tersebut membedakan mereka dari masyarakat lainnya. Yang dimaksud dengan tanda identitas adalah hal-hal seperti: bahasa, makanan, pakaian, agama, atau perjuangan bersama, dll. Masyarakat juga mempunyai pola interaksi bersama. Contoh pola interaksi bersama termasuk: acara, adat, pesta, tempat tinggal keluarga, simbol-simbol yang dapat dilihat, dll.

Masyarakat mempunyai cerita, identitas, dan cara berinteraksi yang sama. Tapi ingat bahwa masyarakat itu berubah (dinamis). Mereka terdiri dari orang yang datang dan pergi, ada yang membuat keputusan sendiri, dan ada yang merespon secara berbeda terhadap berbagai situasi yang mereka hadapi. Ketika saudara mulai meneliti masyarakat saudara, tuliskan semua pengamatan saudara di satu tempat. Sebagai contoh misalnya untuk profil seni budaya, saudara bisa membuat database dengan nama Profil Seni-

Budaya (PSB), dan ini akan membantu penelitian saudara. PSB adalah database atau dokumen di mana saudara menyimpan semua informasi tentang masyarakat dan seni-budayanya.

Pandangan Pertama Masyarakat

Sebuah "pandangan pertama" akan membantu saudara memahami konteks untuk mengembangkan seni-budaya. Kesenian tidak akan ada sendiri, dalam arti terpisah dari masyarakat dan budaya. Dapatkan informasi awal tentang lokasi geografis, bahasa, tanda identitas, dan metode-metode masyarakat.

Tentukan batasan dan fokus penelitian saudara, apakah saudara akan belajar di satu kampung, atau semua orang di wilayah yang berbicara bahasa yang sama. Jelaskan hal-hal tersebut sebanyak mungkin dari berbagai sudut pandang. Daftar di bawah ini adalah panduan pertanyaan. Saudara bisa mendapatkan informasi dengan cara lain, seperti:

- Meminta teman-teman, pemimpin, dan relasi lainnya di masyarakat untuk menunjukkan sumber informasi lainnya, termasuk orang.
- Membaca buku dan artikel serta melihat/mengamati video atau hasil rekaman media lainnya tentang bagaimana anggota masyarakat memperkenalkan seni-budayanya.
- Membaca penelitian akademik, informasi dari media masa, dan presentasi lainnya untuk melihat bagaimana pandangan orang luar terhadap masyarakat tersebut.

 **Menuliskan gambaran awal tentang masyarakat, termasuk di dalamnya topik berikut:**
- lokasi atau daerah di mana mereka berada
- berapa jumlah penduduknya
- kehidupan mereka seperti apa
- mereka mempunyai cerita dan identitas seperti apa
- bagaimana kehidupan masyarakat berubah dari waktu ke waktu.

BELAJAR DARI MASYARAKAT DENGAN BEBERAPA PERTANYAAN BERIKUT:

Di mana masyarakat tinggal dan berapa banyak populasinya? Catatan: Ini termasuk informasi dasar seperti nama desa atau kota, provinsi, dan negara

Hubungan apa yang mengikat di antara/di dalam masyarakat? Jawaban dapat mencakup faktor-faktor seperti bahasa, letak geografis, identitas etnis, dan struktur sosial.

Bagaimana mereka berkomunikasi dan seberapa sering? Pertanyaan ini melibatkan bahasa dan cara berkomunikasi: seperti langsung, lewat telepon, dan media sosial seperti Facebook.

Bagaimana sejarahnya mereka tinggal di daerah tersebut? Catatan: Belajar tentang peristiwa sejarah penting karena pola yang telah membawa masyarakat ke lokasi geografis tersebut mempengaruhi identitasnya.

Gambar 5: Pertanyaan untuk masyarakat

Pandangan pertama di masyarakat

Kita membantu masyarakat menciptakan seni-budaya baru dari sumber daya yang mereka miliki. Penggunaan sumber daya yang sudah ada adalah inti dari metode kita. Jadi hal pertama yang harus dilakukan adalah membuat daftar kesenian yang ada.

Menemukan dan Mengenali Jenis Seni-Budaya

Setiap masyarakat memiliki berbagai macam jenis kesenian yang unik, dan masing-masing masyarakat menempatkan makna khusus pada setiap jenis kesenian mereka. Konsep saudara tentang jenis kesenian mungkin tidak akan sama persis dengan konsep masyarakat yang saudara teliti. Jadi, bagaimana saudara bisa menemukan jenis dan gaya yang asli? Untungnya, di seluruh dunia ini, dalam seni-budaya ada beberapa sifat umum, atau kesamaan. Hal ini bisa membantu kita dalam penelitian.

Kesamaan pertama adalah bahwa seni-budaya sering dipakai untuk merayakan peristiwa penting, upacara dan acara siklus kehidupan. Jadi, jika saudara dapat mengidentifikasi ritual dan acara khusus yang ada di masyarakat, maka saudara dapat mencari tahu tentang kesenian yang berkaitan dengan peristiwa-peristiwa tersebut.

Kesamaan kedua adalah penggunaan kesenian untuk menyatakan suatu maksud khusus, dan cara ini berbeda dengan cara yang biasa dipakai. Saudara bisa perhatikan ketika orang bergerak dengan memakai pola khusus (ketika orang menari), menyanyi, bertindak, berbicara dengan irama atau sajak, atau melakukan sesuatu dalam pengaturan tata-cara yang khusus (seperti penggunaan panggung). Pola gerakan yang memperlihatkan ciri khas seni seperti itu, menunjukan sebuah kemungkinan bahwa tata-cara tersebut adalah kesenian yang dipakai untuk komunikasi, itu yang dimaksud dengan "komunikasi seni." Dalam bahasan "Membuat Daftar Sementara Gaya Seni-Budaya," kegiatan menggunakan karakteristik unik dari seni seperti ini membantu kita memulai mengidentifikasikan jenis kesenian yang ada.

Menciptakan Kesenian Lokal Bersama-Sama

> **CARA UNTUK MENGENALI KEGIATAN-KEGIATAN KOMUNIKASI ARTISTIK**
>
> **Kesenian memiliki konteks pertunjukan yang khusus.**
> Kegiatan seni dibedakan dari peristiwa kehidupan sehari-hari, dalam hal seperti waktu, tempat, bahasa, peserta, dsb.
>
> **Kesenian mempersingkat banyak informasi hanya dengan sedikit kata, simbol, gerakan dll. Sebaliknya kesenian bisa juga memperluas informasi.**
> Contohnya, beberapa jenis puisi isinya mampu menyampaikan banyak hal hanya dengan menggunakan beberapa kata saja. Sebaliknya jenis kesenian lainnya dapat memperluas informasi melalui ruang, musik, dan repetisi.
>
> **Kesenian memberikan pemahaman yang luas ataupun pengetahuan khusus.**
> Dalam suatu jenis seni-budaya, kadang kala istilah-istilah atau kata-kata yang dipakai pengertiannya berbeda dari makna kata-kata itu sendiri.
>
> **Kesenian menunjukkan struktur formal yang khusus.**
> Kesenian seringkali dibatasi oleh pola tertentu yang tidak sama dengan pola komunikasi yang digunakan sehari-hari.
>
> **Kesenian menimbulkan reaksi yang luar biasa.**
> Ekspresi artistik seringkali menghasilkan reaksi perasaan ataupun reaksi secara fisik dari orang-orang yang mengalaminya.
>
> **Kesenian membutuhkan keahlian khusus.**
> Ekspresi artistik seringkali membutuhkah keahlian khusus untuk melakukannya; jadi tidak semua orang bisa melakukanya.

Gambar 6: Cara untuk Mengenali Kegiatan-kegiatan Komunikasi Artistik

 **Buatlah Daftar Sementara Jenis-jenis Seni-Budaya**

Untuk memulai membuat daftar dari jenis-jenis seni-budaya, kumpulkan beberapa orang setempat dan tanyakan pertanyaan-pertanyaan seperti berikut:

- Kapankah orang-orang dalam masyarakat ini menyanyi? Memainkan alat-alat musik? Menari? Bercerita/menceritakan suatu cerita? Main drama? Melukis? Menggerakkan tubuh mereka dengan cara-cara yang unik? Melakukan suatu permainan? Mendirikan bangunan-bangunan khusus? Ingatlah bahwa tiap budaya menggolongkan dan membicarakan bentuk-bentuk dari kesenian secara unik, jadi pelajarilah kosa-kata/istilah-istilah yang mereka gunakan.
- Apakah orang-orang dalam masyarakat ini melakukan hal yang khusus: Saat kelahiran anak? Kematian seseorang? Seseorang beranjak dari masa kanak-kanak ke masa dewasa? Untuk setiap jawaban "ya", mintalah mereka untuk menjelaskankan lebih lanjut mengenai kegiatan khusus tersebut dan catatlah jenis-jenis kesenian yang digunakan.

Saat saudara mendaftar setiap kegiatan, catatlah beberapa ciri khas dasar dari jenis-jenis seni-budaya:

- Nama tempat dan penjelasan secara singkat
- Orang-orang yang terlibat (apakah pria, wanita, kaum muda, anak-anak, para ahli/spesialis, kelompok sosial-ekonomi tertentu, dsb.)
- Waktu penyelenggaraan (apakah hari-hari tertentu, musim-musim, bulan-bulan, jam-jam tertentu, dsb.)
- Tujuan dari jenis seni-budaya tersebut

- Hal-hal lain yang ditemukan secara langsung

Jangan segan-segan untuk memperoleh seluruh detail kegiatan selagi saudara membuat pengamatan. Saudara dapat terus menambah informasi selagi saudara mempelajarinya.

Membandingkan hal-hal tentang Jenis Kesenian di dalam Daftar

Di dalam Prinsip 3, masyarakat akan mengevaluasi setiap jenis kesenian untuk digunakan dalam menciptakan kesenian baru. Daftar ini akan membantu mereka. Mulailah sekarang, dan menambah informasi lagi seperlunya. Gambar 7 adalah contoh dengan kesenian dari suku Mono.

Jenis	Deskripsi	Acara	Peserta	Konotasi	Efek	Lembaga
gaza aga	Untuk sunatan	Di sunatan	Pemuda laki-laki	perang	Memberi keberanian	Tokoh Ngakoala - Mono
Nzembo na Nzambe	Hymne yang diterjemahkan	Acara gereja	Anggota jemaat	Iman, kepercayaan, misionaris	Solidaritas, kesatuan	Gereja protestan
gbaguru	pepatah	Acara pribadi	Pemain kecapi, penyanyi	Hikman, nasihat	Motivasi untuk bertindak dengan hikmat	Tidak ada
Nganga	Lagu kepada Zhugwa, dewa untuk berburu	Sambil berburu	pemburu	Zhugwa	Memberi semangat dan keberanian, harapan untuk sukses	Tidak ada
agbolo	Lagu anak-anak	Di mana anak-anak bermain	Anak-anak	Bermain, kebebasan	Solidaritas, bermain	Tidak ada

Gambar 7: Contoh Daftar Pembandingan Jenis Mono (DR Congo)

Mulailah meneliti kehidupan sosial masyarakat

Mengembangkan pemahaman yang luas dari sebuah masyarakat sangatlah penting. Hal ini dapat diperoleh melalui penelitian antropologi. Topik-topik penelitian yang dapat membantu untuk memahami kesenian dari sebuah masyarakat adalah seperti: bagaimana mereka menggunakan bahasanya, bagaimana mereka saling berhubungan dalam kelompok-kelompok sosial, khususnya dalam keluarga; bagaimana mereka memenuhi kebutuhan hidupnya (contohnya: makanan, tempat tinggal, kesehatan, pendidikan); perbedaan status atau kekuasaan diantara mereka; kepercayaan maupun kegiatan yang bersifat agamis, dan filosofi hidup. Penelitian yang mendalam mengenai hal-hal seperti itu akan melebihi cakupan dari buku manual ini. Arahkan diri saudara untuk mempelajari cara meneliti hal seperti itu, atau carilah seseorang yang bisa membantu.

Lanjutkan Penelitian Saudara

Saudara tidak akan dapat sepenuhnya mengerti segala sesuatu mengenai sebuah masyarakat, untuk itu saudara perlu belajar terus. Beberapa metode terbaik untuk belajar telah dikembangkan oleh para antropolog. Saudara dapat belajar bagaimana melakukannya termasuk di dalamnya belajar dengan cara mengamati sambil melakukan (*participant-observation*), belajar dengan cara melakukan (mempelajari suatu kesenian yang asing bagi saudara), dengan cara bertanya (wawancara), dengan cara menulis (membuat catatan), melalui pengambilan video dan menonton video (hasil rekaman), serta melalui pengambilan foto-foto. Carilah seseorang untuk mengajarkan keterampilan-keterampilan seperti ini, bisa melalui kursus, membaca buku, ataupun dengan cara magang.

Yang terakhir, yang kita inginkan adalah melakukan segala bentuk interaksi dengan orang-orang di sekitar kita, yang dilandasi dengan kasih. Dalam segala penelitian kita, hendaklah kita bersikap mengasihi, rendah-hati, murah-hati, dan mengusahakan yang terbaik bagi masyarakat tersebut.

Tujuan kita adalah untuk melihat masa depan yang lebih baik dinyatakan di muka bumi. Setiap masyarakat menginginkan suatu kehidupan yang lebih baik. Anggota masyarakat seringkali berjuang untuk mencapai tujuan itu tetapi kadang mereka tidak tahu apa yang harus mereka lakukan. Saudara dapat membantu mereka untuk mencapai tujuan tersebut.

Dalam **Prinsip 2**, kami berikan rangkuman singkat dari beberapa cara bagaimana masa depan yang lebih baik dapat dicapai. Setelah itu kami akan menuntun saudara melalui sebuah proses dalam membantu sebuah komunitas menentukan tujuan yang ingin mereka capai.

PRINSIP 2

MENENTUKAN TUJUAN

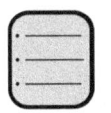 **Untuk setiap kategori dari tujuan di bawah:**
- Berikanlah sebuah contoh untuk menggambarkan tujuan yang ingin dicapai
- Berikanlah contoh lain dari tujuan yang ingin dicapai

A. Menentukan Tujuan: Identitas dan Keberlanjutan

1. Menghargai Identitas
Masyarakat akan menghargai budayanya.

Di berbagai tempat, anggota dari kelompok minoritas menganggap kelompok lain lebih tinggi daripada diri mereka sendiri. Mereka menganggap bahwa budaya lain lebih berguna, indah, dan penting dari pada budaya mereka sendiri. Sekalipun firman Tuhan mengatakan "Maka Allah menciptakan manusia itu menurut gambar-Nya, menurut gambar Allah diciptakan-Nya dia; laki-laki dan perempuan diciptakan-Nya mereka" (Kej. 1:27).

Tindakan orang untuk menghargai setiap aspek yang baik dari masyarakatnya adalah tindakan yang benar, sehat dan kudus. Semakin mereka menghargai budayanya semakin besar kemungkinan masa depannya lebih baik. Selanjutnya, jenis-jenis seni-budaya dari sebuah masyarakat mewakili sebagian dari unsur-unsur budaya mereka yang paling dikenal dan paling berharga. Bila anggota masyarakat tidak menyadari pentingnya kesenian mereka, maka mereka tidak akan menggunakan keseniannya untuk puji-pujian kepada Tuhan ataupun untuk menyampaikan kebenaran kepada sesamanya. Kita mau menyelidiki bagaimana caranya sebuah masyarakat memperkuat sumber daya seni-budayanya. Lalu setelah itu kita ingin mencari bagaimana metode - menciptakan karya baru yang dapat menumbuhkan identitas budaya yang kuat dan beriman kepada Allah.

2. Mengajar anak-anak
Masyarakat akan terdorong untuk mengajarkan tradisi yang baik kepada anak-anak mereka.

Identitas suatu masyarakat yang sehat ditandai dengan diajarkannya unsur-unsur budaya yang baik oleh orang tua kepada anak cucunya. Sehat atau tidaknya seni-budaya dalam sebuah masyarakat bisa dikenali/diketahui melalui pola apa dan bagaimana setiap generasi meneruskan pengetahuan seni-budaya mereka dari generasi ke generasi.

3. Penggunaan Media
Masyarakat akan berkontribusi terhadap seni budaya dalam berbagai media, baik itu di tingkat lokal, regional maupun global.

Masyarakat di seluruh dunia terus mencari cara baru, bagaimana mereka bisa berkomunikasi dengan sesamanya. Masyarakat yang anggotanya memiliki kesadaran kuat akan nilai dari budayanya dapat menerima dan belajar seni-budaya berkomunikasi dari masyarakat lain. Mereka juga mau ikut berkontribusi dalam penggunaan media untuk keseniannya baik melalui media lokal, regional maupun secara global.

B. Menentukan Tujuan: Damai Sejahtera

Tuhan Yesus masuk dalam kehidupan manusia dengan maksud agar para pengikut-Nya dapat hidup dalam segala kelimpahan (Yoh. 10:10). Ia datang supaya para pengikut-Nya memperoleh damai sejahtera (Yoh. 14:27). Kata dalam bahasa Ibraninya adalah *"syalom"*, ini mewakili sebagian besar dari janji-Nya yaitu: keadaan yang damai sejahtera, utuh/lengkap, kehidupan yang harmonis, adil, dan sehat. Bryant Myers menyatakan, "Syalom dan kehidupan yang melimpah adalah keadaan ideal yang tidak akan kita alami sebelum kedatangan Tuhan yang kedua. Visi syalom yang menuntun menusia pada kehidupan yang seutuhnya adalah gambaran yang penuh kuasa yang semestinya dapat menerangkan dan memberikan pengertian terhadap masa depan manusia yang lebih baik."[7]

1. Pemulihan dan Kesembuhan
Masyarakat akan menggunakan upaya-upaya penyembuhan dan pemulihan dalam merespon setiap permasalahannya.

Situasi/keadaan yang dapat merusak syalom (damai sejahtera) sangatlah menakutkan, seperti: peperangan, bencana alam, eksploitasi seksual, sakit-penyakit, perbudakan, bencana kelaparan, dan kekeringan. Sebuah masyarakat yang menunjukkan karakter yang sejalan dengan tujuan damai-sejahtera, memiliki anggota masyarakat yang akan menyikapi masalah-masalah tersebut dengan upaya penyembuhan dan pemulihan. Kegiatan-kegiatan artistik/kesenian memiliki peran penting dalam meningkatkan damai sejahtera. Peran seni-budaya tersebut misalnya: mengarahkan orang-orang yang menderita agar memiliki harapan, menanamkan solidaritas dalam sebuah masyarakat, dan membantu dalam kesembuhan baik secara jasmani maupun secara kejiwaan.

---
[7] Bryant L. Myers, *Walking with the Poor: Principles and Practices of Transformational Development* (Maryknoll, NY: Orbis, 1999), 51.

2. Rekonsiliasi/Perdamaian

Masyarakat akan saling berdamai satu dengan yang lain, di antara mereka dan dengan masyarakat dari luar.

Komunikasi secara artistik membantu kita untuk menerima satu sama lain dengan tangan terbuka. Sambutan seperti itu menciptakan rasa persatuan yang lebih dari sekedar kesamaan sejarah. Untuk bisa menyanyi dan menari bersama-sama dibutuhkan kesatuan dalam bersuara dan bergerak. Hasilnya adalah sukacita, kepuasan, dan solidaritas yang membentuk rasa saling percaya yang baru. Kesenian bisa merubah pandangan kita, dari perasaan sakit hati kepada kebenaran-kebenaran ilahi. Kesenian menghasilkan momen-momen dahsyat dalam pertobatan, pengampunan, solidaritas, kasih, dan rekonsiliasi yang berkelanjutan.

3. Keadilan

Masyarakat akan mengasihi dan memberdayakan kaum miskin dan mereka yang terabaikan.

Tuhan telah menyatakan dengan jelas dan berkali-kali dalam Kitab Suci bahwa Ia memperdulikan kaum lemah (orang yang tidak memiliki kuasa). Ia menaruh perhatian khusus kepada yatim-piatu, janda-janda, dan orang asing/diasingkan (Ul. 10:18; Yak. 1:27) serta orang-orang yang tidak punya uang (Ul. 15:7,8; Maz. 9:18; Luk. 4:18, 6:20). Ia fokus kepada mereka yang tertindas secara politik dan sosial (Neh. 9:15, Luk. 1:46-55), para tawanan (Mzm. 146:7) mereka yang kelaparan dan tunawisma (Yes. 58:6-11; Mat. 25:34-40). Yesus secara khusus memberitahu kepada kaum miskin bahwa mereka dapat memiliki Kerajaan Allah (Luk. 6:20-26). Tuhan menunjukkan bagaimana ketidak-pedulian dan dosa-dosa dari orang-orang berkuasa seringkali menghasilkan ketidakadilan bagi mereka yang terabaikan (Mzm. 12:5; 35:10; 72:12-14; Ams. 22:22,23, Yes. 10:1-3).

Dalam menanggapi realitas seperti ini, Tuhan memberitahu kepada mereka yang memiliki sumber penghasilan/kekayaan, agar mereka bermurah-hati (Ul. 15:7,8; Ams. 11:24,25; Rm. 12:13; 2 Kor. 9:6-13; Yak. 2:15-17). Ia berkata, supaya mereka berbaik hati kepada orang-orang yang terabaikan (Ams. 14:31), membela mereka (Ams. 31:8,9) dan meruntuhkan sistem yang menindas mereka (Yes. 58:6-11). Masyarakat dapat berupaya mencapai keadilan dengan menggunakan kesenian mereka. Mereka dapat menaruh harapan dalam hatinya, menyatakan kebenaran kepada mereka yang berkuasa sekalipun para penguasa tidak menerimanya, dan dengan kesenian mereka juga dapat menjalin rasa solidaritas.

4. Pendidikan

Masyarakat akan mempelajari hal-hal yang dibutuhkan demi keberhasilan mereka, juga turut berperan serta di dalamnya.

Dalam masyarakat yang kurang baik biasanya anggota masyarakat tersebut kurang menghargai identitas budayanya, dan seringkali mereka memiliki sistem pendidikan yang lemah. Pesatnya perubahan sosial dapat mengakibatkan masyarakat tersebut tidak memiliki pengetahuan atau pelatihan yang memadai untuk bisa berkembang. Kesenian adalah sistem komunikasi yang ampuh, oleh karena itu, masyarakat dapat memasukkan kesenian dalam setiap konteks mata pelajaran dan pengajarannya.

5. Kemampuan membaca dan menulis
Masyarakat akan membaca dan mendengarkan Alkitab serta karya-karya bacaan lainnya.

Sebuah masyarakat harus mempunyai anggota masyarakat yang memiliki akses terhadap Injil dan karya-karya literatur lainnya melalui sarana-sarana secara lisan maupun tulisan. Orang-orang yang dapat membaca, menulis, dan mendengarkan karya-karya literatur tersebut sangatlah dibutuhkan oleh masyarakat. Tujuan dari membaca dan menulis berhubungan dengan hal-hal yang bersifat teknis (contoh: memahami struktur bahasa), maupun hal-hal yang berhubungan dengan masalah sosial (contoh: keinginan untuk membaca dan menulis dalam sebuah bahasa serta kesanggupan dalam mendapatkan keterampilan-keterampilan tersebut). Bentuk-bentuk artistik yang memiliki komponen bahasa yang penting contohnya adalah: lagu-lagu, drama, cerita, pepatah, dan teka-teki. Kemudian untuk bentuk artistik tanpa komponen bahasa yang penting contohnya adalah: tarian, senirupa. Betuk-bentuk artistik seperti itu akan memperkuat tujuan dari membaca dan menulis.

6. Kesempatan secara Ekonomi
Masyarakat akan berupaya demi kesejahteraan mereka.

Injil menunjukkan bahwa manusia itu ada untuk bekerja. Tuhan menciptakan alam semesta (Kej. 1). Lalu, ia membuat Adam bertanggungjawab atas Taman Eden (Kej. 2:15). Setelah itu Tuhan menasihati Adam dan Hawa untuk menjadi orang yang produktif (Ams. 18:9; Kol. 3:23; 2 Tes. 3:10; 1 Tim. 5:18) serta memberikan upah terhadap pekerja (1 Tim. 5:18). Para anggota masyarakat harus memiliki kesempatan untuk ikut serta dalam pekerjaan yang bermakna, dan menguntungkan secara materi. Para pekerja seni/artis mendapatkan manfaat ketika orang-orang membayar untuk pertunjukkannya ataupun atas hasil karya seninya. Komunikasi secara artistik juga dapat membantu perdagangan dalam periklanan. Sebuah masyarakat yang bertumbuh kembang menghargai dan mendukung kontribusi para artis untuk kesejahteraannya.

C. Menentukan Tujuan: Firman Tuhan

1. Penerjemahan Firman Tuhan
Masyarakat akan berupaya untuk menerjemahkan Firman Tuhan dalam bahasanya.

Masyarakat harus memiliki anggota yang mengerti apa yang Tuhan sampaikan melalui Firman-Nya. Untuk itu masyarakat harus lebih dahulu memiliki akses terhadap penerjemahan Alkitab yang sesuai dengan sumber-sumber Firman Tuhan yang asli. Hasil terjemahannya haruslah menyampaikan pesan yang jelas kepada mayoritas dari anggota masyarakat tersebut. Hasil terjemahannya juga harus menggunakan tulisan-tulisan dalam bahasa setempat yang bentuknya paling tepat untuk masyarakat tersebut. Selain itu, gereja setempat harus dapat dengan mudah menggunakan hasil terjemahan tersebut. Hasil terjemahannya juga harus dapat dengan mudah diubah ke dalam bentuk komunikasi secara lisan. Gaya bahasa berkomunikasi dalam Alkitab penuh dengan bentuk-bentuk seni, sebagai contoh misalnya: perumpamaan, Kitab Amsal, cerita-cerita, syair lagu, puisi, dll. Wawasan yang dalam terhadap jenis-jenis kesenian daerah akan membantu sebuah masyarakat menerjemahkan Alkitab dengan cara-cara yang dapat menunjang tujuan dari penerjemahan Alkitab.

2. Firman Tuhan secara Lisan/Penceritaan
Masyarakat akan belajar Firman Tuhan dengan cara yang biasa dipakai dalam budayanya.

Sebuah masyarakat harus memiliki akses terhadap Firman Tuhan dalam berbagai bentuk. Bentuk-bentuk kesenian daerah - khususnya jenis-jenis kesenian yang dipakai dalam bercerita - mempunyai peran penting dalam memasukkan Injil ke dalam kehidupan suatu masyarakat.

D. Menentukan Tujuan: Kehidupan bergereja

1. Ibadah bersama
Pengikut Kristus akan beribadah dengan cara-cara yang mendukung komunikasi mendalam dengan Tuhan dan sesama mereka.

Ibadah secara alkitabiah adalah sebuah hidup yang dipersembahkan kepada Tuhan (Rm. 12:1,2), sebuah keputusan untuk hidup setiap saat bagi kemuliaan Tuhan dan bukan untuk kehormatan pribadi. Menjalani kehidupan ibadah, mencakup waktu-waktu tertentu untuk berkumpul dengan orang-orang percaya lainnya dalam penyembahan sepenuh hati kepada Tuhan dan berkomunikasi dengan-Nya (Mzm. 95:6, 9; Kis. 2:42; Ibr. 10:24, 25; Way. 19:10). Kesenian daerah memberikan suatu bahasa untuk saat-saat penyembahan kepada Tuhan dan mendengarkan suaraNya. Kesenian memperluas/membesarkan kapasitas hati, jiwa, kekuatan, dan pikiran kita (Mzm. 100:2, Mrk. 12:29, 30). Tuhan Yesus mengajarkan bahwa dalam ibadah yang terpenting bukan mengenai tempatnya, selama kita beribadah dalam roh dan kebenaran (Yoh. 4:21-24). Pengajaran Tuhan Yesus membukakan pintu bagi orang-orang dari berbagai bangsa dan bahasa untuk menggunakan cara-cara berkomunikasi sesuai budaya mereka untuk beribadah dan memuliakan Tuhan.

2. Pembentukan/Perkembangan Rohani
Pengikut Kristus akan bertumbuh dalam pengetahuan dan pengalaman dengan Tuhan. Mereka juga akan bertumbuh dalam ketaatan, dalam sifat dan karakter serta kebiasaan yang sesuai dengan kehendak Tuhan.

Bentuk-bentuk komunikasi secara artistik memperkuat dan memberikan struktur terhadap pelatihan, pembinaan, dan bimbingan secara formal maupun nonformal.

3. Mempelajari dan Mengingat Firman Tuhan
Masyarakat akan memahami dan mengingat Firman Tuhan.

Masyarakat semakin ingin mempelajari, mengingat, dan memahami Firman Tuhan dengan baik. Menurut penelitian, menghafal kata-kata melalui lagu dan/atau gerakan akan lebih banyak melibatkan bagian-bagian dari otak kita. Sehingga, dengan semakin banyaknya cara dalam mempelajari Firman Tuhan - termasuk melalui kesenian daerah - akan semakin besar kemungkinannya kita dapat mengingatnya.

4. Kegiatan Rohani
Masyarakat akan menandai momen-momen penting mereka dengan lebih banyak kegiatan rohani.

Momen-momen penting bisa mencakup acara pernikahan, pemakaman, syukuran akil-balik, ulang tahun, ucapan syukur dan perayaan-perayaan agraris. Kesenian menandai kegiatan-kegiatan tertentu sebagai suatu acara yang istimewa.

5. Kesaksian
Orang-orang yang belum percaya yang tinggal di dalam sebuah masyarakat akan belajar mengenal Tuhan.

Masyarakat mempelajari bahwa Tuhan Allah adalah Sang Pencipta dan Juru Selamat mereka. Kesenian daerah tidak bisa dipisahkan dari aktivitas kehidupan masyarakat, baik aktivitas yang khusus maupun aktivitas sehari-hari, yang menandakan adanya kegiatan kehidupan yang penting, dan sebagai sarana berinteraksi sosial serta sarana hiburan. Pendidikan juga mencakup kesenian daerah, oleh karena kehidupan sehari-hari dan ekspresi artistik lokal sangat membaur, komunikasi secara artistik menyediakan cara yang ampuh untuk menyampaikan kebenaran Tuhan.

E. Menentukan Tujuan: Kehidupan rohani secara pribadi

1. Pembentukan kerohanian
Pengikut Kristus akan mengalami pertumbuhan rohani.

Pengikut Kristus mengalami pertumbuhan dalam pengetahuan dan pengalamannya dengan Tuhan, ketaatan mereka terhadap Tuhan, dan dalam sifat-sifat serta kebiasaan-kebiasaan yang ilahi. Jenis-jenis komunikasi secara artistik dapat menghidupkan dan memberikan struktur terhadap pelatihan, bimbingan, dan nasihat rohani secara formal maupun nonformal.

2. Doa dan Renungan
Masyarakat akan memiliki kehidupan doa yang penuh semangat.

Masyarakat memiliki pengikut yang setia dalam berkomunikasi dengan Tuhan, dengan sepenuh hati. Komunikasi ekspresi secara artistik dapat meningkatkan komunikasi ini karena hal ini menyenangkan, menyentuh perasaan dan kehendak hati yang paling dalam.

3. Pembelajaran Alkitab Secara Pribadi
Masyarakat akan setia mempelajari Firman Tuhan secara benar.

Masyarakat memiliki anggota-anggota yang dengan setia mempelajari Firman Tuhan secara benar. Mereka mengintegrasikan jenis-jenis komunikasi secara artistik ke dalam pembelajaran Alkitab pribadi mereka. Sehingga mereka lebih ingat, lebih memahami dan mengalami transformasi hidup.

4. Penerapan Injil
Masyarakat akan menerapkan prinsip-prinsip Alkitab dalam kehidupannya.

Masyarakat memiliki anggota-anggota yang menerapkan pengajaran Injil dalam pengalaman kehidupan sehari-harinya. Alkitab dituliskan untuk orang-orang dari berbagai budaya dan dalam kurun waktu yang berbeda-beda. Bagaimana caranya kita menerapkan Alkitab ke dalam kehidupan kita sekarang, di dalam konteks budaya yang berbeda-beda? Komunikasi artistik secara lokal membantu orang-orang untuk menghubungkan kebenaran Alkitabiah ke dalam kehidupan mereka secara berkesan dan memberi motivasi.

Apabila saudara tidak bekerja dengan orang Kristen dalam suatu masyarakat, maka masyarakat yang saudara layani tidak akan termotivasi untuk berupaya menuju pada sasaran yang ditetapkan sebagai tujuan. Namun, karena setiap manusia diciptakan menurut gambar Tuhan, kita semua merindukan damai sejahtera, kesehatan, suka cita, makna hidup, dan keadilan. Saudara dapat menyebut hal-hal ini sebagai ciri-ciri dari "Tanda-tanda dari Masa Depan yang Lebih Baik." Jadi, apabila sebuah masyarakat menginginkan hal-hal ini, kita dapat membantu mereka dengan sepenuh hati, sesuai dengan keterampilan dan panggilan kita. Apabila kita bekerjasama dengan gereja lokal, tujuannya secara otomatis termasuk mendalami hubungan kita dengan Tuhan. Sang Raja dari Kerajaan Allah adalah Yesus. Selagi kita berjalan bersama dengan para individu maupun masyarakat yang belum mengenal Yesus, kasih dan perkataan kita dapat menuntun mereka kepada-Nya.

F. Langkah-langkah dalam Menentukan Tujuan

Mempunyai daftar dari tujuan dan memahami poin mana saja yang penting untuk ditindak-lanjuti adalah dua hal yang berbeda. Bekerjasamalah dengan masyarakat untuk menentukan tujuan-tujuan mana yang penting bagi mereka. Cari tahu tujuan-tujuan mana saja yang ingin mereka capai. Penciptaan kesenian secara bersama merupakan sebuah proses yang terus-menerus dalam mengenali dan memodifikasi tujuan-tujuan dari masyarakat. Ikutilah langkah-langkah berikut untuk memulai prosesnya.

1. Diskusikan bersama dan jadilah pendengar yang baik.
Struktur sosial (seperti pemerintah, gereja, masjid,) merupakan tempat yang baik untuk saling berdiskusi. Saudara bisa mulai dengan mengumpulkan sebuah kelompok kecil yang terdiri dari orang-orang dari berbagai segmen masyarakat untuk melakukan kegiatan ini.

2. Selidiki dan kenali kekuatan dan harapan masyarakat.
Tanyakan kepada masyarakat apa saja yang telah mereka capai dengan baik selama ini dan apakah yang menjadi harapan dari anak-anak mereka, diri mereka sendiri, dan harapan dari masyarkat. Bagan dari kekuatan dan harapan di bawah, membantu menemukan keadaan tanda-tanda tertentu, setidaknya sebagai tanda harapan.

3. Kaitkan/Hubungkan setiap kekuatan atau harapan dengan sebuah tujuan yang diinginkan.
Tuliskan dalam sebuah bagan untuk bahan referensi, seperti bagan di bawah ini (bagan-bagan berikut hanyalah contoh):

Harapan dan Aspirasi:	Tujuan:
Saling menghormati antar generasi	Identitas dan kelestarian
Perayaan	Identitas dan kelestarian
Keramah-tamahan	Syalom

Contoh dari Bagan Kekuatan, Aspirasi dan keterkaitannya dengan Tujuan-tujuan

4. Selidiki masalah-masalah yang ada dalam masyarakat

Tanyakan kepada masyarakat tentang masalah-masalah yang berat. Cari tahu hal-hal apa saja yang menguatirkan mereka. Tanyakan juga hal-hal apakah yang sekarang keadaannya lebih buruk dibandingkan dengan lima, sepuluh ataupun dua-puluh tahun lalu. Tuliskan dalam bagan seperti pada contoh di bawah berikut sehingga saudara dapat melihat lebih jelas bagaimana hal-hal tersebut terkait dengan tujuan yang ditentukan. Bagan dari masalah-masalah membantu mengidentifikasikan kurangnya/ketiadaan tanda-tanda tertentu dari tujuan yang ditentukan..

Masalah/Tantangan	Terkait dengan Tujuan apa:
Penyakit: HIV/AIDS, malaria	Syalom
Peperangan, kejahatan, kekerasan	Syalom
Konflik antar generasi, hilangnya tradisi-tradisi	Identitas dan pelestarian
Rasa takut akan kematian	Kehidupan Rohani Pribadi
Eksploitasi: perbudakan, prostitusi	Keadilan
Ketidakmampuan dalam membaca dan menulis	Keadilan
Kurangnya akses terhadap Alkitab	Injil
Kurangnya pertumbuhan rohani	Kehidupan Rohani Pribadi
Kurangnya persatuan dalam komunitas Kristen	Kehidupan bergereja
Beberapa kelompok terkucilkan dari ibadah	Kehidupan bergereja
Hubungan dengan Tuhan yang kurang memadai	Kehidupan Rohani Pribadi
Kekurangannya Pendidikan	Keadilan
Kelaparan	Keadilan

Contoh dari Masalah-masalah dan keterkaitannya dengan Tujuan

5. Pilih sebuah tujuan
Diskusikan masalah mana yang ingin dibahas oleh masyarakat tsb. Bicarakan kekuatan-kekuatan apa yang ingin mereka bangun.

6. Tuliskan secara jelas tujuan yang dipilih
Sampaikan tujuan yang telah dipilih dengan format sebagai berikut, gantikan kata-kata berhuruf miring dengan hasil saudara:

Prinsip 2

Masyarakat

telah memilih

Sebuah tujuan..

Ketika para anggota masyarakat telah mengidentifikasikan tujuan mereka, langkah berikutnya adalah merencanakan bagaimana kesenian mereka dapat membantu mereka mencapai tujuan tersebut. Setiap jenis kesenian memiliki manfaat tertentu dalam mengkomunikasikan isi pesan tertentu. Setiap jenis kesenian juga menghasilkan pengaruh-pengaruh tertentu. Bagian ini membahas langkah-langkah dalam proses pemilihan jenis kesenian untuk tujuan tertentu.

PRINSIP 3

MENGHUBUNGKAN SENI DENGAN TUJUAN

Setelah masyarakat mengidentifikasi tujuan-tujuannya, prinsip berikut adalah merencanakan bagaimana supaya kesenian mereka dapat membantu mencapai tujuan-tujuan tersebut. Setiap jenis kesenian berguna untuk mengkomunikasikan pesan tertentu. Setiap jenis kesenian juga memberi dampak tertentu pada perasaan. Bagian ini menjelaskan prinsip-prinsip dalam proses memilih jenis seni dan menghubungkannya dengan tujuan tertentu:

Kemungkinan terjadi — Apakah ada sumber daya yang menggunakan kesenian itu? Misalnya, apakah ada orang yang tahu bagaimana cara membuatnya?

Konotasi, Efek, Acara — Apakah penggunaan kesenian itu dapat membantu orang untuk berpikir, merasakan, dan bertindak ke arah tujuan tertentu? Dalam acara apa saja?

Muatan — Muatan seni apakah yang dapat membantu memberi dampak yang diinginkan? Apakah konotasi yang termuat di dalam kesenian itu lebih kuat daripada dampak yang diinginkan?

Tentukan hasil yang diinginkan dari karya seni yang baru

Dampak seperti apa yang diinginkan dari karya-karya seni yang dihasilkan dalam masyarakat? Beberapa contoh yang mungkin diinginkan dari para anggota masyarakat:

- memahami sebuah pesan yang penting;
- bertindak secara berbeda/perubahan tingkah laku;
- merubah sifat yang tidak berguna atau berbahaya;
- melakukan hal baru;
- perubahan pola pikir;
- merasakan solidaritas/kesatuan/keakraban dalam masyarakat;
- merasakan adanya harapan, sukacita, kemarahan, penyesalan/belas kasihan, kegembiraan, damai sejahtara, kepuasan, rasa lega, empati, rasa heran, ataupun emosi-emosi lainnya.

 Selidiki bersama bagaimana saudara mau masyarakat berubah ke arah yang dapat membimbing mereka kepada tujuan-tujuan tertentu. Tuliskan hasil dari diskusi saudara.

Tentukan isi dari karya seni yang baru

Bila hasil yang diinginkan bergantung pada bagaimana orang-orang mempelajari ide-ide melalui kesenian, pastikan bahwa ide-ide tersebut dapat dipercaya. Pelajari materi kebenaran yang akan diajarkan sehingga pesan yang disampaikan akurat. Apabila pesannya mengenai cara-cara pencegahan malaria, pastikan saudara benar-benar mengerti fakta yang sebenarnya tentang pencegahan malaria. Bicarakan hal ini dengan ahli-ahli kesehatan. Untuk pesan Injil, pelajari bagian Alkitab terkait sebelum menciptakan sebuah ajaran yang didasari bagian Alkitab tersebut. Bicarakan dengan ahli-ahli Alkitab, para pendeta dan para penerjemah. Bicarakan dahulu isi materinya dengan seniman lainnya, para pemimpin, dan dengan Tuhan dalam doa.

 Diskusikan dan tuliskan jawaban dari pertanyaan-pertanyaan berikut secara bersama-sama:
- Apakah pesan yang ingin kita sampaikan?
- Bagaimana caranya agar kita dapat memastikan bahwa materi tersebut dapat dipercaya?

Tentukan sebuah jenis kesenian yang dapat mengkomunikasikan pesan yang ingin disampaikan dan menghasilkan dampak yang diinginkan

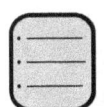 Setiap jenis kesenian memiliki ciri khas yang dapat mempengaruhi pesan-pesan yang disampaikan serta dampaknya. Melihat kembali daftar jenis-jenis kesenian yang telah dibuat pada Prinsip 1. Untuk setiap jenis kesenian, coba pikirkan:

Jenis	Deskripsi	Acara	Peserta	Konotasi	Efek	Lembaga

Gambar 8: Ikhtisar Sederhana tentang Menghubungkan Genre ke Sasaran

- Apakah karya seni baru dalam jenis kesenian ini dapat memberi dampak yang telah kita tentukan? Bila tidak, apa alasannya?
- Apakah karya seni baru pada jenis kesenian ini dapat mengkomunikasikan dengan baik pesan yang telah kita tentukan? Bila tidak, apa alasannya?

Dari daftar tersebut, tentukan satu atau dua jenis kesenian yang terbaik dalam mempengaruhi perubahan-perubahan tersebut dan mengkomunikasikan pesan yang ingin disampaikan.

Ingat bahwa setiap jenis kesenian memiliki ciri-ciri khas yang dapat dipulihkan untuk dipergunakan kembali bagi Tuhan. Jadi tidak semua jenis kesenian pantas/cocok dengan saat-saat tertentu dalam kehidupan bermasyarakat.

Beri semangat kepada semua orang yang terlibat untuk berdoa dan meminta hikmat dari Roh Kudus. Jangan paksakan sebuah jenis kesenian ke dalam sebuah masyarakat tanpa persetujuan dari orang-orang terpercaya dalam masyarakat tersebut. Pastikan bahwa semuanya ini terjadi sesuai dengan waktunya Tuhan.

Diskusikan bersama, acara-acara apa saja yang boleh ditampilkan dalam pertunjukan dari karya seni baru tersebut

Sebelum kita mulai merencanakan bagaimana menciptakan karya seni baru dalam sebuah jenis kesenian, coba bayangkan/pikirkan konteks seperti apa karya seni baru tersebut akan ditampilkan. Pikirkan bagaimana karya seni baru tersebut dapat berfungsi untuk berkomunikasi. Berikut beberapa contoh komunikasi secara kontekstual.

 **Lakukanlah secara bersama/dalam kelompok:**

- Buatlah sebuah daftar dari jenis-jenis acara serta jenis kesenian di mana karya-karya seni baru boleh ditampilkan
- Ingat kembali pilihan-pilihan yang telah ditentukan sejauh ini: dampak, pesan (isi), dan jenis kesenian.
- Tentukan beberapa dari jenis-jenis acara yang telah saudara pikirkan, dan jelaskan secara singkat komponen-komponen komunikasi berikut ini:
  - Siapakah yang akan membawakannya?
  - Waktu dan tempat dimana acara itu akan berlangsung?
  - Indera-indera apa saja yang akan dipergunakan para peserta/penonton dalam merasakan/menangkap pesan yang akan disampaikan?
  - Bagaimanakah jenis kesenian tersebut dapat mempengaruhi pesan-pesan yang dialami/dirasakan oleh para penonton?
  - Ketika orang-orang melihat/merasakan karya seni baru tersebut, apakah akan membawa dampak seperti yang diharapkan?
  - Bagaimanakah tanggapan orang-orang terhadap para pelaku seni/seniman aslinya?
- Tentukan sebuah acara di mana saudara dapat melakukan pertunjukan atau presentasi.

Prinsip 3

Untuk Prinsip 3, tuliskanlah hasil-hasil yang saudara peroleh dalam bentuk seperti berikut:

_____ akan mempersiapkan
MASYARAKAT

_____ untuk mempertunjukkan
ACARA

_____ dengan
JENIS KESENIAN

_____ untuk menghasilkan
ISI/PESAN YANG INGIN DISAMPAIKAN

_____ yang dapat membantu
DAMPAK

_____ mencapai
MASYARAKAT

_____
TUJUAN YANG DIHARAPKAN

PRINSIP 4

ANALISA SEBUAH ACARA YANG BERISI JENIS KESENIAN YANG TELAH DITENTUKAN.

Untuk dapat menciptakan sebuah karya yang baru dengan efektif, kita harus memahami asal dari jenis kesenian tersebut. **Prinsip 4** memberikan ide-ide bagaimana menganalisa dan menyelidiki jenis kesenian tersebut secara mendalam. Ketika saudara semakin mendalam mempelajari bentuk-bentuk kesenian, maka hal yang perlu diingat adalah bahwa kesenian itu berubah seiring dengan berjalannya waktu seperti halnya segala sesuatu di dunia ini. Oleh karena itu, jangan terlalu berpegang pada analisa saudara - situasi dan keadaan bisa berubah ke depannya.

Saat saudara jalani **Prinsip 4,** saudara akan menyadari bahwa tidak semua kegiatan penelitian yang dimuat di sini berkaitan dengan kesenian yang sedang saudara teliti dan bila memang berkaitan, belums tentu juga saudara memiliki waktu untuk melakukan penelitian. Oleh karena itu, mulailah dengan kegiatan sederhana dalam buku ini yang ditandai dengan ikon-ikon yang terdapat pada halaman xxix. Hal ini dapat memberikan wawasan yang cukup dalam dan tidak memerlukan tenaga serta waktu yang terlalu banyak. Setelah itu tentukan hal-hal lain yang paling bersangkutan ataupun menarik. Saudara dapat melakukan cukup banyak hal dengan prinsip-prinsip ini.

NASIHAT SEDERHANA UNTUK PEREKAMAN AUDIO-VIDEO

Pembuatan rekaman kegiatan dan karya-karya kesenian dapat membantu ingatan saudara. Karena dengan adanya rekaman memungkinkan saudara untuk mengulas kembali apa yang telah terjadi dan menangkap hal-hal yang sebelumnya mungkin terlewatkan, saudara dapat mendengarkan atau menonton seseorang menari berulang-ulang agar saudara dapat lebih memahaminya. Berikut ini ada beberapa ide dasar yang dapat membantu rekaman-rekaman saudara lebih berguna.

- **Pakailah alat rekaman dengan kualitas terbaik.** Teknologi terus berganti, sehingga sulit untuk memberitahukan secara spesifik alat mana yang sebaiknya saudara gunakan. Sering-seringlah bertanya kepada orang-orang di sekitar saudara untuk mendapatkan nasihat, serta belajar bagaimana menggunakan alat yang saudara miliki sebaik mungkin.

- **Sebuah rekaman yang kurang baik tetap lebih baik daripada tidak ada rekaman sama sekali.** Walaupun saudara harus selalu mencari cara untuk meningkatkan keterampilan saudara dalam hal merekam, jangan sampai karena kurangnya pengalaman, saudara menahan diri sehingga tidak merekam.

- **Selalu bawa peralatan cadangan.** Alat-alat bisa rusak di saat yang tidak terduga. Bawa baterai ekstra, dan alat-alat rekaman lain untuk cadangan.

- **Pastikan rekaman yang saudara lakukan akan memenuhi tujuan yang diharapkan.** Bila saudara berencana untuk menyerahkan hasil rekaman saudara ke sebuah perguruan tinggi, lembaga arsip, atau media massa, maka saudara perlu mencari tahu standar kualitas yang mereka gunakan.

- **Selalu minta izin terlebih dahulu dari siapapun yang ingin saudara rekam.** Jelaskan kepada mereka apa yang akan saudara lakukan terhadap hasil rekaman tersebut nantinya, dan tanyakan apakah mereka bersedia atau tidak. Hal ini dapat dilakukan secara tertulis atau bisa juga dengan merekam jawaban mereka.

- **Catat segala sesuatu yang saudara rekam.** Hasil-hasil rekaman saudara tidak akan berguna bila suatu saat saudara telah tiada, jika tidak ada seorang pun yang tahu apa isi rekaman-rekaman tersebut. Oleh karena itu, tuliskanlah segala sesuatu yang telah saudara rekam dalam sebuah buku catatan dengan penjelasan: waktu, tempat, nama kegiatan dan siapa yang direkam. Saudara juga bisa merekam diri saudara dengan menyebutkan hal-hal tersebut, *"Ini (sebutkan nama saudara), sedang merekam (sebutkan nama orang yang direkam), di (tempat), pada (waktu)...."*

Gambar 9: Nasihat Sederhana untuk Perekaman Audio-Visual

Tentukan sebuah Acara Kesenian untuk Dianalisa

Hal pertama yang perlu saudara lakukan adalah tentukan acara kesenian apa yang ingin saudara teliti. Sangat penting bahwa saudara belajar dari pengalaman dan penelitian saudara sendiri untuk lebih mengerti tentang kesenian msyarakat, bukan hanya belajar dari orang lain, internet, atau wawancara. Bila yang saudara lakukan adalah hanya dengan cara berbicara secara abstrak dengan seseorang, maka akan sulit untuk percaya kesimpulan saudara sendiri.

Saudara dapat menyelidiki satu sampai ratusan acara - masing-masing akan menambah wawasan saudara terhadap jenis kesenian tersebut. Oleh karena itu, saudara bisa menggunakan prinsip-prinsip dalam panduan buku ini untuk menentukan acara yang ingin saudara teliti.

> **CIRI-CIRI DARI SEBUAH ACARA KESENIAN YANG COCOK UNTUK PENELITIAN**
>
> - Saudara harus dapat menyaksikan acara ataupun pertunjukan acara tersebut secara langsung, atau bisa juga saudara memiliki rekaman video dari acara tersebut.
> - Acara tersebut harus memiliki sebuah contoh dari jenis kesenian yang sesuai dengan pilihan masyarakat untuk tujuan yang ditentukan.
> - Acara kesenian tersebut harus dilakukan oleh orang-orang setempat.
> - Akan sangat membantu bila acara tersebut khas dengan jenis keseniannya, dan dilaksanakan oleh para seniman yang dianggap mumpuni/mampu atau terampil oleh masyarakat tersebut.

Gambar 9: Ciri-ciri dari sebuah Acara Kesenian yang cocok untuk Penelitian

Pandangan Pertama dari sebuah Acara Secara Keseluruhan

 Gunakanlah kategori-kategori berikut ini untuk mendapatkan pandangan awal, wawancara-wawancara singkat, dan pemikiran dari sebuah acara kesenian. Nantinya saudara akan mempelajari setiap kategori dengan lebih mendetail.

1. Konteks Acara

- Nama masyarakat: _____

- Lokasi (negara, daerah, kota/desa, tempat): _____

- Tanggal: _____

- Nama saudara: _____

2. Kategori-kategori di bawah ini berhubungan dengan bentuk komunikasi secara artistik:

Tempat
Apakah acaranya di dalam ruangan atau di luar? Dimanakah orang-orang ditempatkan di lokasi tsb? Bagaimanakah perubahan penggunaan ruangan dari waktu ke waktu?

Peralatan
Apa saja pakaian, alat-alat musik, media elektronik, pengeras suara, dan penerangan yang digunakan, yang saudara dapat amati? Jika memungkinkan, ambil foto-foto dan coba buat gambar.

Pengaturan Peserta
Siapa saja yang hadir? Berapa jumlah wanita dan pria yang hadir? Golongan umurnya? Berdasarkan faktor demografis lainnya? Status sosial? Apa kegiatan mereka? Bagaimana mereka saling berinteraksi? Siapa yang mengkoordinir (apakah ada MC?), siapa yang mensosialisasikan dan mempromosi acara tersebut?

Bentuk Kegiatan/Acara dari Segi Waktu
Berapa lama acara berlangsung? Kapan acara dilaksanakan? Apa saja bentuk dan bagian-bagian besar dari acara tersebut?

Ciri-ciri Pertunjukan
Apa saja yang dilakukan oleh setiap orang yang hadir? Kegiatan apa saja yang berkaitan dengan acara ini (termasuk kegiatan-kegiatan yang dilakukan sebelum dan sesudah acara tersebut)?

Isi
Apa saja jenis-jenis dari alur cerita, teks, pesan moral, tema, dan bahasa-bahasa yang dipergunakan?

Arti dibalik Sistem Simbolis
Apa arti dibalik faktor-faktor yang telah disebutkan di atas?

3. Kesenian sebagai bagian dari budaya.

Tujuan yang dapat kita lihat
Apakah ada alasan khusus untuk acara tersebut? Apakah ada nama untuk acara tersebut? Apakah tujuan atau maksud dari orang-orang yang menyelenggarakan acara tersebut? Apakah ada tujuan-tujuan lainnya yang saudara tangkap secara terbuka ataupun tersembunyi? Bagaimana tujuan-tujuan tersebut mempengaruhi acara itu sendiri?

Perasaan
Bagaimana perasaan para peserta terhadap acara tersebut? Bagaimana dengan perasaan orang-orang lainnya terhadap acara tersebut? Perasaan apa saja yang disampaikan dalam acara ataupun dalam bagian-bagian acara, apakah ada sambutan atau nyanyian misalnya?

Penilaian Masyarakat
Apakah saudara melihat adanya tanda-tanda dari bentuk sosial, seperti golongan/kelas, apakah suasananya bebas atau resmi, keselarasan vs. ketidakselarasan? Apakah ada tanda-tanda di teks, pemakaian ruangan, atau seperti apa interaksi antar peserta, dll?

Dukungan Masyarakat
Berapa banyak dan dalam bentuk sumber daya apa sajakah masyarakat mendukung acara ini? Hal ini bisa termasuk waktu yang digunakan untuk persiapan acara, pendanaan, lama pertunjukan, jumlah orang yang terlibat, dll.

Pandangan Pertama terhadap Jenis Kesenian dalam suatu Acara

 Pertanyaan-pertanyaan sederhana berikut ini dapat membantu saudara bisa lebih fokus terhadap jenis karya seni yang digunakan dalam suatu acara. Mungkin saja akan ada lebih dari satu jenis kesenian dalam suatu acara, tapi gunakan pertanyaan-pertanyaan berikut satu per satu hanya untuk satu jenis kesenian:

- Karya seni macam apakah yang dihasilkan oleh seseorang? Misalnya: nama jenis kesenian, jenis-jenis kegiatan seperti lukisan, akting, nyanyian, atau tarian.

- Siapa yang biasanya melakukan/mempertunjukkan/menciptakan karya seni? Misalnya: wanita, pria, anak-anak, anggota masyarakat tertentu, dll. Selain itu, kumpulkan juga nama-nama dari pelaku karya seni ataupun penciptanya.

- Di mana biasanya orang-orang mempertunjukkan atau menciptakan karya seni? Misalnya: di luar ruangan atau tempat terbuka, di dalam ruangan, di tempat khusus.
- Kapan biasanya orang-orang mempertunjukkan atau menciptakan karya seni? Misalnya: siang hari, malam hari, saat upacara, latihan mingguan, secara spontan untuk kesenangan pribadi.
- Biasanya orang-orang mempertunjukkan atau menampilkan karya seninya untuk siapa? Misalnya: tunangan/calon suami, penonton yang penuh semangat, jemaat di gereja, Tuhan.
- Biasanya apa alasannya orang-orang mempertunjukkan atau menampilkan karya seninya? Misalnya: ekspresi emosi, mendapatkan upah, memotivasi suatu aksi/gerakan, memperkuat identitas, permainan.
- Dengan kaitan kegiatan seperti apakah biasanya orang-orang mempertunjukkan atau menampilkan karya seninya? Misalnya: pesta, golongan umur tertentu, kegiatan kerohanian, untuk merayu.
- Bagaimana biasanya hal-hal baru diciptakan? Misalnya: secara pribadi, melalui mimpi, di dalam kelompok.

Memperdalam Pengertian Saudara terhadap Bentuk-bentuk kesenian dalam suatu Acara

Secara fisik, lensa adalah sebuah potongan kaca yang khusus. Kaca tersebut dipoles ataupun diubah sedemikian rupa sehingga dapat mengubah cahaya yang masuk/mengenainya. Tergantung kepada tujuan pembuatnya, sebuah lensa dapat membuat obyeknya terlihat lebih dekat, jauh, ataupun lebih berwarna. Oleh sebab itu, penggunaan sebuah lensa merupakan suatu cara manusia untuk menambah fokus terhadap salah satu aspek dari suatu obyek. Kita akan gunakan konsep yang sama secara metafora ini sebagai panduan kita dalam meneliti kesenian. Khususnya kita akan memberikan sebuah metode yang akan mengarahkan mata, telinga, hidung, kulit, dan tubuh untuk lebih mengerti apa yang kita alami dalam tujuh kategori. Ketujuh kategori tersebut adalah: ruang, peralatan, pengaturan peserta, bentuk kegiatan/acara dilihat dari segi waktu, ciri-ciri pertunjukan, isi, dan arti dibalik sistem simbolis.

Perlu dicatat bahwa setiap lensa yang disebutkan tadi dapat saling berhubungan. Ada yang dapat mendeskripsikan hal yang sama dari perspektif yang berbeda. Oleh karena itu sering terjadi pola yang berulang-ulang. Selain itu, setiap lensa belum tentu menampakkan pengertian untuk dapat mendalami suatu acara. Bila dengan salah satu lensa masih kurang dapat membantu untuk memahami, coba gunakan lensa yang lain dalam meneliti kesenian tersebut.

Kami telah merancang lensa-lensa ini untuk membantu saudara lebih memahami sebuah acara yang memiliki unsur-unsur kesenian tertentu. Apabila hal ini adalah pengalaman pertama saudara melihat acara kesenian tersebut, saudara belum bisa menilai apa yang dianggap sebagai wajar/biasa. Saudara juga belum bisa menilai apa saja yang berbeda/tidak biasa dari yang biasanya terjadi. Saat saudara gunakan lensa-lensa dalam mendeskripsikan lebih banyak acara-acara seperti ini, saudara akan mulai melihat baik pola-pola umum maupun perbedaaan-perbedaan yang ada.

LENSA #1: TEMPAT

Yang dimaksud dengan tempat adalah penggunaan lokasi, penanda batas, dan ciri-ciri fisik dari daerah yang digunakan untuk suatu acara kesenian. Ruang/tempat mempengaruhi gerakan dari peserta dan interaksi satu dengan lainnya. Itu juga dapat mempercepat atau memperlambat waktu yang diperlukan peserta dalam gerakannya dan juga dapat mempengaruhi unsur-unsur lain dari sebuah pertunjukkan. Pemakaian ruang sangat penting terutama pada acara-acara yang mengandung unsur drama dan tari-tarian.

 **Untuk lebih memahami pemakaian tempat (atau ruang), lakukanlah kegiatan-kegiatan seperti berikut:**

- Ajukan pertanyaan-pertanyaan berikut: Apakah dilakukan di dalam ruangan, di luar atau bisa dua-duanya? Apa saja ciri-ciri dari tempat acara tersebut (misalnya: bentuk dan ukurannya)? Bagaimanakah pembagian dari ruang yang dipakai? Kegiatan apa yang dikaitkan dengan setiap bagian dari acara tersebut?
- Gambarkan sebuah denah tempat itu, termasuk batas-batasnya.
- Ambil foto-foto tempat tersebut dan daerah sekitarnya.
- Ajukan pertanyaan-pertanyaan kepada peserta dan orang-orang yang mengerti budaya tersebut mengenai apa yang terjadi dalam acara tersebut. Saudara bisa lakukan hal ini sambil menonton sebuah video dari acara tersebut.
- Buat daftar istilah asli dalam bahasa setempat untuk unsur-unsur dari pemakaian tempat dari acara tersebut.

LENSA #2: PERALATAN

Peralatan adalah segala perangkat fisik yang dipakai atau berhubungan dengan sebuah acara. Sebagai contoh misalnya pakaian, aksesoris-aksesoris, alat-alat musik, perabotan dan alat-alat penerangan; semua ini adalah peralatan. Beberapa peralatan akan lebih penting dari yang lain dalam hal melaksanakan dan mengalami sebuah acara kesenian. Peralatan bisa dibuat oleh manusia (misalnya sebuah topeng) atau untuk mengisi sebuah simbul seperti halnya sebuah bulu elang sebagai penanda aksesori kerajaan. Benda-benda tersebut dapat digunakan untuk beberapa tujuan dan dapat menyampaikan arti dalam tingkatan yang berbeda-beda. Contohnya: *Drum Atumpan* (dari Ghana) berfungsi sebagai bagian dari ensambel musik; dan juga menunjukkan lambang kerajaan, dilihat dari bentuknya, warna, dan konstruksinya. Oleh karena itu, alat musik tersebut berperan ganda, yaitu fungsional dan simbolis. Perhatikan juga bahwa beberapa peralatan belum tentu menjadi bagian dari aktivitas acara tersebut.

Dalam acara drama, penggunaan kostum dan barang-barang lainnnya, dipakai untuk menunjang karakter dan memberikan efek dramatis. Obyek yang paling sering digunakan untuk menghasilkan ciri-ciri musikal adalah alat-alat musik. Dalam tari-tarian, kostum dan barang-barang lainnya dapat menunjang gerakan. Seorang yang membawakan cerita, bisa menggunakan sebuah obyek untuk melambangkan sebuah peristiwa dalam ceritanya. Para seniman visual menggunakan segala bentuk materi untuk menciptakan karya-karya seninya.

 **Untuk lebih mengetahui tentang Material (Benda-benda yang dipakai), saudara bisa lakukan hal-hal berikut:**

- Buat daftar dari benda-benda yang berkaitan dengan acara tersebut, dengan mengajukan pertanyaan-pertanyaan:
  - Benda apa saja yang digunakan, termasuk juga bangunan-bangunannya?
  - Barang-barang apa saja yang harus dibawa untuk acara tersebut?
  - Pakaian seperti apa yang dipakai?
  - Benda apa yang dipegang? Ditendang?
  - Atau yang dimanipulasi dengan tubuh?
  - Adakah makanan atau minuman dalam acara tersebut?
- Untuk setiap barang, tuliskan keterangan-keterangan sebagai berikut:
  - Istilah dalam bahasa setempat dan nama lainnya.
  - Karakteristik fisik benda-benda tersebut. (Bisa berupa materialnya, desainnya, strukturnya, beratnya, ataupun panjangnya).
  - Jenis sumber bahannya termasuk serat (terbuat dari tanaman dan binatang), mineral, logam, plastik, dan kayu.

LENSA #3: PENGATURAN PESERTA

Dalam suatu acara kesenian, hampir semua orang yang hadir biasanya ikut berpartisipasi (bahkan kadang-kadang orang-orang yang tidak hadir di acarapun bisa berpartisipasi). Setiap peserta dalam sebuah acara memainkan peran yang dapat mempengaruhi bentuk pertunjukannya. Jenis-jenis peran bisa termasuk pencipta, pemeran (misalnya penyanyi, pemain musik, aktor, penari, pembawa cerita/pendongeng), penonton (misalnya pendukung, penonton, tukang ejek), pekerja (misalnya pengatur alat, manajer panggung, mandor, penjaga tiket, penjaga keamanan, penerima tamu), produser, sutradara, dan yang lainnya. Latar belakang para peserta juga berhubungan dengan ciri-ciri resmi dari sebuah acara. Latar belakang seorang peserta termasuk: keterampilan; kerabat dan hubungan antara satu dengan yang lain, status dan peran dalam kehidupan sehari-hari; identitas suku, agama, dan status sosial. Contohnya, mungkin hanya seorang imam/pemimpin agama yang dapat memerankan peran-peran tertentu dalam sebuah upacara keagamaan.

 **Untuk lebih mengetahui tentang para peserta, saudara bisa melakukan hal-hal sebagai berikut:**

- Ajukan pertanyaan-pertanyaan berikut:
  - Berapa jumlah peserta yang hadir (pastikan untuk menghitung juga para leluhur ataupun para dewa yang hadir secara tidak kasat mata)?
  - Apa saja peran dari setiap peserta?
  - Bagaimana para peserta menggunakan ciri-ciri pertunjukan pada saat mereka saling berinteraksi?
  - Adakah pola-pola yang jelas dalam bersopan-santun?
  - Adakah istilah khusus untuk peran peserta yang digunakan dalam acara tersebut?

- Apa ciri-ciri yang menonjol dari tiap peserta, dalam hal pelatihannya, kemampuannya, reputasinya, dan status profesional/kasta?
• Buatlah rekaman audio, video, dan foto-foto dari acara tersebut.
• Tanyakanlah kepada seorang kenalan yang terlibat dalam acara tersebut:
  - Peran-peran apa saja yang mungkin cocok untuk saudara dalam acara seperti ini.
  - Perhatikan latar belakang dan kompetensi yang diperlukan untuk mendapatkan dan memperoleh peran yang berbeda dalam acara seperti ini.
  - Bila sesuai dan memungkinkan, bersiaplah untuk melakukan sebuah peran untuk sebuah acara yang sejenis di masa yang akan datang.
  - Buatlah sebuah daftar berdasarkan urutan waktu (timeline), dengan mencatat tindakan dan interaksi para peserta.
  - Ajukan pertanyaan-pertanyaan kepada para peserta dan ahli-ahli budaya tentang acara tersebut. Mungkin hal ini dapat dilakukan saat menonton video acara tersebut.
  - Seperti biasa, cari tahu tentang makna, simbolisme, dan tema budaya yang lebih luas.

LENSA #4: BENTUK ACARA DILIHAT DARI PERJALANAN WAKTU

Salah satu cara untuk menjelaskan bentuk suatu acara adalah dengan membagi-bagi acara secara kronologis. Cari tahu kapan satu bagian berakhir, dan saat bagian berikutnya mulai dengan mencatat perubahan-perubahan yang penting pada unsur-unsur dari acara tersebut. Perhatikan perubahan-perubahan tersebut ketika saudara mengamatinya melalui setiap lensa. Perubahan-perubahan ini dinamakan "penanda". Contohnya, penanda bisa termasuk waktu jeda atau perbedaan secara mendadak pada ciri-ciri peserta. Hal ini bisa berupa awal dan akhir dari kegiatan para peserta, atau awal dan akhir dari lagu-lagu.

Contoh dari jenis kesenian dengan ciri-ciri yang dramatis adalah sebuah sandiwara; dibagi-bagi menjadi babak, adegan, lalu menjadi sikap dan gerakan. Sebuah konser dapat dijabarkan secara hirarki yang terdiri dari lagu, bait, frase/kalimat, dan not nada. Jenis-jenis tarian bisa terdiri dari pertunjukan, motif, dan gerakan. Kesenian oral verbal seperti sebuah puisi bisa terdiri dari bait, baris/lirik, dan bunyi (birama dan irama).

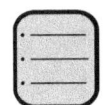

Untuk lebih mengetahui tentang bentuk dari sebuah acara, saudara bisa melakukan hal-hal berikut:
• Buat rekaman audio-video acara tersebut.
• Buat sebuah daftar urut waktu dengan pembagian hirarkis, menggunakan langkah-langkah sebagai berikut:

Langkah Pertama

Saat menonton atau mendengarkan rekaman, buatlah timeline dari acara tersebut, catat peristiwa yang terjadi di waktu-waktu yang berbeda.

Waktu	Kegiatan
13:30	Para pembawa cerita mulai berdatangan
...	...
...	...
14:27	Semua orang meninggalkan tempat pertunjukan

Step Two

Watch or listen to the recording again, noting what seem to be important transition points (you may need to do this with somebody who has been part of such an artistic event). Then make a chart with the largest segments along the top. You may continue dividing subsegments at finer timescales, down to the level of your research interest.

Bagian 1 (5 min.)		Bagian 2 (12 min.)			Bagian 3 (10 min.)		Bagian 4 (3 min.)		
1A	1B	2A	2B	2C	3A	3B	4A	4B	4C

LENSA #5: CIRI-CIRI PERTUNJUKAN

Ciri-ciri pertunjukan adalah hasil dari apa yang dilakukan orang-orang dalam suatu acara. Ciri-ciri sebuah pertunjukan. Seorang pemeran menggunakan keterampilan dan proses yang unik selama acara berlangsung. Orang tersebut mengerti aturan-aturan utama dari bentuk kesenian tersebut. Seorang pemeran harus bisa menguasai aturan-aturan ini agar acaranya sukses.

Kategori dari ciri-ciri sebuah pertunjukan meliputi hal-hal berikut: ciri-ciri vocal, pergerakan tubuh, manipulasi obyek, karakteristik visual, irama, narasi, dan perangkat puisi.

KATEGORI DARI CIRI-CIRI PERTUNJUKAN:

Ciri-ciri Vokal: Para pemain dapat menggunakan unsur-unsur vokal dalam pertunjukan drama untuk membantu mereka dalam berakting. Unsur-unsur vokal dalam musik membantu para pemain dalam bernyanyi. Dalam tarian, manipulasi terhadap vokal membantu para pemain untuk menyelaraskan nafas dengan pola pergerakannya. Dalam kesenian oral/lisan, modifikasi terhadap vokal menciptakan efek-efek dengan mengganti nada atau warna suara (timbre) dari suara para pemain pertunjukan.

Gerakan Tubuh: Dalam pertunjukan-pertunjukan dramatis, para pemain dapat menggunakan gerakan tubuh pada saat melakukan aktingnya, pendalaman karakternya, dan pengaturan ruangnya. Dalam musik, para pemain dapat menggunakan tubuhnya untuk memainkan alat musik. Dalam tarian, dinamika gerakan, dan pengaturan tubuh serta ruang melibatkan pergerakan tubuh. Dalam kesenian oral/lisan, para pemain dapat menggunakan tubuh mereka untuk menunjukkan suatu sikap tertentu.

Manipulasi Obyek: Dalam drama, para pemain bisa memanipulasi obyek untuk membantu aktingnya. Dalam musik, memanipulasi obyek dapat membantu pemain musik dalam memainkan alat musiknya dan memodifikasi suaranya. Dalam tarian, orang memanipulasi obyek untuk mendukung gerakannya. Dalam kesenian oral/lisan, memanipulasi obyek dapat menekankan unsur-unsur tuturannya. Dalam kesenian visual, para pemain dapat membuat atau menampilkan tujuan yang lebih mudah dimengerti.

Ciri-ciri visual: Ciri-ciri visual mempunyai peran penting dalam suatu acara dan tarian yang dramatis. Peran secara visualnya termasuk dalam penggunaan kostum, tata-rias, wayang/boneka, dll. Dalam kesenian visual, desain dan komposisi menggabungkan ciri-ciri visual.

Irama: Ciri-ciri irama yaitu dapat berperan di dalam gaya dan karakteristik musik, tarian, dan kesenian lain. Irama dapat dilihat dari beberapa pandangan diantaranya: bagaimana ketukan dikelompokkan (3 ketuk, 4 ketuk, dll.), bagaimana kecepatan ketukan (tempo), apakah itu irama bebas (tidak dapat dihitung), atau dua irama berbeda yang dimainkan secara bersama-sama, dll. Bagaimana irama mempengaruhi gerakan dalam tarian? Pengukuran seperti apa yang digunakan dalam kesenian oral atau lisan?

Narasi: Ciri utama narasi berperan penting menampilkan ataupun menceritakan kejadian-kejadian dalam suatu drama dan kesenian oral/lisan.

Perangkat puisi: Yang terakhir, para pemain dapat menggunakan perangkat puisi untuk mendukung aktingnya dalam drama, lirik lagu dalam musik, dan di seluruh kesenian lisan.

Gambar 11: Kategori Fitur Performa

Untuk mengetahui lebih lanjut mengenai ciri-ciri dari sebuah pertunjukan, lakukan hal-hal berikut:

- Saat menyaksikan sebuah acara (baik secara langsung ataupun lewat rekaman), tulis secara bebas jawaban dari pertanyaan-pertanyaan berikut:
  - Suara-suara apa yang dapat saudara dengar?
  - Gerakan, warna, cahaya dan bentuk apa saja yang dapat saudara lihat?
  - Bau aroma apa saja yang dapat saudara cium?
  - Sensasi sentuhan apa saja yang dapat saudara rasakan?
  - Makanan/minuman dengan rasa apa saja yang dapat saudara cicipi?

- Saat mengamati sebuah acara (baik secara langsung ataupun lewat rekaman), tulis secara bebas jawaban dari pertanyaan-pertanyaan berikut:
  - Apa yang dilakukan para pemain berkenaan dengan suara mereka?
  - Tindakan vokal yang biasanya dilakukan termasuk saat menyanyi, berakting, berpidato, membaca narasi, ataupun dalam menghasilkan efek-efek suara.
  - Apa yang dilakukan para pemain dengan tubuhnya? Gerakan tubuh yang biasanya dilakukan termasuk saat berakting, memainkan alat musik, dan menari.
  - Apa yang dilakukan para pemain dengan perkataannya? Kegiatan-kegiatan yang berhubungan dengan perkataan yang biasanya dilakukan termasuk saat membaca puisi, menyanyi, melakukan akting, berpidato, dan membaca/menceritakan narasi.
  - Apa yang dilakukan para peserta berkenaan dengan benda (peralatan yang dipakai)?
  - Tindakan-tindakan apa yang biasanya dilakukan dengan menggunakan bahan/alat termasuk dalam memainkan alat musik, berakting, menari, berpidato, membaca/menceritakan narasi, dan menampilkan sebuah tujuan mudah dimengerti/difahami.

LENSA #6: ISI MATERI

Materi mengacu kepada pokok materi atau topik dari sebuah acara kesenian. Biasanya lebih terkait dengan simbol-simbol seperti dalam perkataan, dan gerakan dalam bahasa isyarat ataupun tarian. Kemungkinan ada beberapa lapisan yang mengandung makna, dan arti dari pertunjukan tersebut agar dapat dipahami secara tersirat ataupun eksplisit. Untuk dapat memahami isi materi, saudara harus menjalin hubungan dengan orang-orang yang mengerti bahasanya, serta sistem komunikasi lainnya... jadi jangan hanya sekedar menebak-nebak.

 **Untuk lebih memahami isi materi dari sebuah acara, saudara dapat melakukan hal-hal sebagai berikut:**

- Rekam acara tersebut. Mintalah seorang teman/rekan untuk menuliskan kata-kata penting yang diucapkan, dan makna dari setiap gerakan simbolis yang dilakukan.
- Tanyakan kepada para pemain, apa yang mereka komunikasikan dalam acara tersebut.
- Tanyakan kepada para pemain, emosi/perasaan atau tindakan apa yang mereka harapkan dari orang lain melalui acara tersebut.
- Tanyakan kepada para pemain, topik-topik apa saja yang berhasil memicu perasaan marah, tertawa, bosan, atau menyemangati mereka.

LENSA #7: SISTEM SIMBOLIS DASAR (YANG SERINGKALI TERSELUBUNG)

Para peserta dari sebuah acara memiliki latar belakang mental dan perasaan yang sama. Dalam sebuah pertunjukan, mereka menggunakan aturan, harapan, struktur tata-bahasa, motivasi, dan pengalaman-pengalaman yang sama dalam menentukan hal apa yang harus dilakukan pada saat itu. Pengetahuan dan pemahaman mereka yang sama itulah yang dimaksud dengan "sistem simbolis dasar yang terselubung." Hal ini mengacu kepada komposisi dan interpretasi.

Beberapa sistem simbolis dasar yang terselubung mudah untuk dikenali. Contohnya, *gamelan* Indonesia memiliki pola berputar. Pola putaran ini dengan mudah dikenali dengan memperhatikan suara gong besar yang terjadi dalam jarak yang tetap. Hampir sama dengan *waltz* yang diciptakan oleh Johann Strauss, terbagi ke dalam tiga bagian dimana masing-masing memiliki tiga ketukan. Ketukan pertama diberikan penekanan, sehingga *waltz* karya Strauss ini tidak perlu analisis yang terlalu rumit. Contoh lainnya, penonton dapat dengan mudah mengenali tokoh-tokoh cadangan drama *likay* dari Thailand setelah mendapatkan penjelasan singkat dari sifat-sifat karakter tersebut dan kostumnya.

Untuk dapat memahami arti dari sistem simbolis dasar yang terselubung lainnya mungkin akan lebih sulit. Mungkin saudara harus melakukan analisis secara intensif lebih dahulu dengan menggunakan metodologi yang rumit. Mungkin saudara juga harus mewawancarai para pemain, bahkan kalau perlu ikut terlibat dalam pertunjukan. Contohnya, aturan-aturan tata-bahasa yang mengatur struktur melodi dan irama dari sebuah lagu tidak selalu jelas. Gerakan-gerakan yang bisa dilakukan dalam tarian tidak selalu jelas. Rincian dari penggunaan ruang dari seorang artis dalam lukisannya seringkali tidak begitu kentara.

Dalam kesenian ada berbagai jenis sistem simbolis dasar yang terselubung yang tidak dapat dibahas dalam buku ini.

Kaitkan jenis acara kesenian ke dalam konteks budaya yang lebih luas

Kesenian selalu saling berhubungan dengan realita lainnya dalam kehidupan bermasyarakat. Saudara hanya dapat mulai memahami ciri-ciri kesenian dari musik, drama, tarian, seni lisan, seni visual, atau makanannya melalui gambaran lebih menyeluruh dari masyarakatnya.

Untuk membantu saudara mendapatkan pemahaman yang lebih dalam bagaimana sebuah bentuk kesenian tergabung dalam budayanya, cari tahu lebih lanjut mengenai hal-hal berikut serta pilihlah kegiatan yang paling berkaitan dan menarik bagi saudara:

Para Seniman

Apapun rencana masyarakat untuk menggunakan keseniannya, pada intinya mereka harus memiliki pengertian dan interaksi dengan para senimannya. Karena kita telah dipanggil oleh Tuhan untuk belajar dari mereka, menyambut dan memberi dorongan kepada mereka. Merekalah yang memegang peran utama dalam kegiatan penciptaan seni bersama.

 **Untuk mengetahui mengenai jenis-jenis kesenian dari para seniman, saudara dapat lakukan hal-hal sebagai berikut:**

- Jalin hubungan dengan seniman yang berkaitan dengan bentuk kesenian yang sedang saudara pelajari.
  - Bisa secara formal ataupun informal.
  - Bergabunglah dalam kehidupan keseniannya maupun dalam kehidupan pribadi seniman tersebut.

- Amati bagaimana seorang pencipta lagu dalam membuat lagu dan lihat bagaimana proses menciptakan lagu tersebut.
- Mintalah agar saudara dapat mengamati bagaimana seorang seniman mengajar orang lain.
- Bagikan juga kehidupan saudara dan talenta musik saudara kepada seniman tersebut.

Ajukan pertanyaan-pertanyaan berikut:

- Bagaimanakah para seniman dengan jenis kesenian ini berhubungan dengan masyarakat di sekitarnya?
- Bagaimana dengan status para seniman dalam masyarakat?
- Adakah perbedaan status berdasarkan jenis kesenian yang mereka lakukan (contonya: bagaimana status seseorang yang memainkan musik di depan raja, atau status seorang yang dapat menciptakan lagu untuk acara-acara penting, atau status pemain drama yang lucu untuk masyarakat).
- Bagaimana seseorang dapat menjadi seniman pada jenis kesenian ini?
- Apakah berdasarkan pola-pola sosial yang berlaku (kasta seniman), keberhasilan pribadi dari keahlian dan usaha sendiri, atau kombinasi dari kedua faktor tersebut?

Kreativitas

Setiap masyarakat dapat menciptakan hal-hal yang sebelumnya belum ada. Namun, cara pemikiran dan proses penciptaannya bisa berbeda-beda di setiap masyarakat – dan setiap jenis keseniannya.

Untuk dapat lebih mengetahui tentang pendekatan terhadap kreativitas dari sebuah jenis kesenian, saudara dapat lakukan hal-hal sebagai berikut:

- Amati, ikut berpartisipasi, dan mengangkat karya-karya seni baru. Saat saudara ikut berpartisipasi dalam proses penciptaan sebuah karya seni, saudara dapat menemukan bagaimana karya-karya baru tersebut diciptakan dan siapa yang menciptakannya.

Ajukan pertanyaan-pertanyaan berikut:
- Apakah karya-karya seni baru diciptakan secara sengaja, atau diterima melalui suatu penglihatan?
- Apakah karya-karya seni baru diciptakan oleh seseorang atau oleh sebuah kelompok?
- Teknik-teknik apa saja yang digunakan dalam menciptakan seni (improvisasi, penciptaan melibatkan masyarakat atau secara individu)?
- Apakah masyarakat lebih menghargai karya seni yang berbeda dari tradisi yang ada atau karya seni yang sejalan dengan tradisi?

Bahasa

Bahasa dan jenis-jenis bahasa yang digunakan dalam acara kesenian dapat memberikan pengertian lebih dalam bagaimana hubungan antara acara tersebut dengan konteks budaya yang lebih luas. Lirik lagu dalam bahasa daerah atau bahasa nasional dapat mendukung identitas etnis tersebut ataupun identitas nasionalnya. Sebuah tenunan dengan huruf-huruf unik dalam bahasa minoritas dapat meningkatkan identitas dari masyarakat minoritas tersebut. Kata-kata yang diambil dari zaman dahulu (bahasa kuno) ataupun kata-kata khusus, yang tidak digunakan dalam bahasa sehari-hari juga sering digunakan dalam komunikasi kesenian. Dengan menggunakan bahasa jaman dahulu tersebut, maka akan dapat menciptakan sebuah rasa misteri ataupun rasa takut yang dikaitkan dengan jenis kesenian tersebut. Jenis kesenian tersebut juga dapat dilestarikan, kesenian seperti ini masuk dalam kategori 'antik'/langka.

Untuk dapat lebih mengetahui tentang penggunaan bahasa dari sebuah jenis kesenian, saudara dapat lakukan hal-hal berikut:

- Tonton atau lihat rekaman dari sebuah acara, amati sebuah benda yang dipakai dalam acara tersebut bersama dengan seseorang yang benar-benar mengerti mengenai benda tersebut. Buatlah daftar dari semua unsur acara yang ada kaitannya dengan bahasa, kemudian tuliskan jawaban dari pertanyaan berikut:
- Bahasa atau dialek apakah yang digunakan?
  - Adakah kata-kata yang dalam bahasa lain memiliki arti yang sama?
  - Apakah saudara dapat bayangkan seseorang mengucapkan perkataan tersebut dalam percapakan sehari-hari, atau apakah perkataan tersebut termasuk bahasa khusus?

Pewarisan dan Perubahan Kesenian

Tema yang penting sepanjang tulisan dari buku manual ini adalah, segala sesuatu akan mengalami perubahan seiring dengan berjalannya waktu. Orang-orang menurunkan keahlian dan pengetahuan mereka kepada orang lain, akan tetapi pewarisan ini biasanya tidak terjadi secara sempurna. Pewarisan kesenian dapat terjadi melalui pelatihan formal, pengamatan secara informal, dengan bimbingan atau dengan penggalian yang dilakukan secara pribadi.

Untuk dapat lebih mengetahui mengenai bagaimana sebuah jenis kesenian mengalami perubahan dalam sejarahnya, dan perubahan yang dialami sekarang, saudara dapat melakukan hal-hal berikut:

- Minta para pemain dalam satu acara yang sedang saudara pelajari untuk menceritakan bagaimana mereka mempelajari keahlian mereka.
- Tanyakan apakah saudara diperbolekan untuk ikut berpartisipasi atau mengamati kegiatan mereka?
- Saat saudara mengamati, catat bagaimana mereka berinteraksi, bagaimana orang-orang yang lebih ahli diperlakukan, dan benda-benda apa saja yang digunakan dalam kegiatan tersebut.
- Bila acara tersebut termasuk tradisi dari jaman dulu, tanyakan kepada orang yang lebih tua bagaimana dan kapan mereka mempelajarinya.
- Lalu tanyakan apakah mereka masih menggunakan cara belajar yang sama? Bila tidak, perubahan apa saja yang telah terjadi?

- Carilah rekaman lama dan baru, atau contoh-contoh dari sebuah bentuk kesenian.
- Amati atau dengarkan kesenian tersebut dengan didampingi orang yang ahli, tanyakan apa perbedaan antara yang lama dan baru. Tanyakan juga, apa saja yang menyebabkan perbedaan tersebut.

Dinamika Budaya

Masyarakat yang sehat mempertahankan sebuah kombinasi antara pelestarian dan perubahan. Jenis-jenis kesenian yang ada dapat membantu masyarakatnya melalui interaksi antara unsur-unsur yang stabil dan unsur-unsur yang mudah diubah. Unsur-unsur dari sebuah jenis kesenian yang stabil adalah bagian-bagian yang tidak mengalami perubahan. Biasanya bagian-bagian tersebut terjadi secara teratur dalam hal waktu dan tempat. Unsur-unsur yang stabil terorganisir secara baik. Unsur-unsur yang mudah diubah mengalami perubahan seiring dengan berjalannya waktu. Bagian-bagian ini kurang bisa ditebak (mungkin ditandai dengan adanya improvisasi), dan tidak terorganisir begitu baik. Dinamika budaya terjadi ketika para seniman dengan mantap berhasil menggunakan unsur-unsur yang mudah diubah untuk menguatkan unsur-unsur yang stabil dari keseniannya.

 **Untuk lebih mengetahui bagaimana dinamika dari sebuah jenis kesenian, dan bagaimana dinamika tersebut diciptakan, tanyakan kepada para pemain dalam sebuah acara pertanyaan-pertanyaan sebagai berikut:**

- Untuk mengenali unsur-unsur kesenian yang stabil:
  - Bentuk kesenian atau aspek kesenian manakah yang paling sering terjadi secara teratur, dengan jumlah kemampuan bervariasi yang paling sedikit dan terorganisir secara baik?
- Untuk mengenali unsur-unsur kesenian yang mudah diubah:
  - Bentuk kesenian atau aspek kesenian manakah yang kurang bisa ditebak dan yang kurang terorganisir?
- Untuk mengenali interaksi antara unsur-unsur kesenian yang stabil dan yang mudah diubah:
  - Bagaimanakah kedua unsur ini berinteraksi?

Identitas dan Kuasa

Masyarakat dapat menggunakan pertunjukan keseniannya untuk mendukung ataupun menentang kepada kelompok dengan status sosial yang lebih tinggi ataupun kepada pihak penguasa. Kadang bentuk kesenian tertentu dapat menjadi sarana bagi orang-orang dengan status lebih rendah untuk mengutarakan secara bebas berbagai masalah mereka kepada orang lain. Kesalah-pahaman tentang bagaimana orang memandang hubungan mereka dengan yang punya/pegang kuasa dapat mengarah kepada kontroversi yang sebenarnya bisa dihindari.

 **Untuk lebih mengetahui tentang bagaimana identitas dan kuasa dapat ditampilkan dalam sebuah acara kesenian, lakukanlah hal-hal berikut:**

- Tuliskan semua informasi yang berkaitan dengan acara ini, seperti lirik lagu atau isi cerita.
- Analisa apakah saudara melihat pesan jelas yang mendukung atau menentang seseorang, institusi, atau suatu instansi tertentu.
- Diskusikan dengan seorang teman yang dapat membantu saudara untuk dapat menemukan bila ada pesan tersembunyi.
- Amati, apakah mereka mencoba mengkomunikasikan pesan-pesan tertentu untuk menentang penguasa dalam acara tersebut, dimana saudara belum pernah lihat di tempat lain? Kesenian dapat menjadi sarana yang aman untuk menolak atau menyelesaikan konflik.
- Tanyakan kepada para pemain dalam acara tersebut pertanyaan-pertanyaan seperti berikut:
  - Bagaimanakah penguasa didukung atau ditentang melalui ekspresi seni?
  - Siapa saja pemain dalam kesenian tersebut dan apa alasan mereka ikut?
  - Adakah pesan-pesan tersembunyi?
  - Apakah ada pesan yang diutarakan secara terang-terangan untuk mendukung atau menentang seseorang atau institusi?

Estetika dan Evaluasi

Manusia biasanya langsung menilai kesenian orang lain melalui standar kesenian dirinya. Kita harus saling membantu dengan tidak terlalu cepat menilai. Saudara dapat mencari tahu bagaimana orang biasanya menyikapi adanya koreksi ataupun evaluasi di tempat dimana saudara melayani/bekerja.

 **Untuk lebih mengetahui tentang estetika dan evaluasi, lakukanlah hal-hal seperti berikut:**

- Tanyakan kepada seorang teman bagaimana bila dia mencoba untuk mengoreksi orang yang lebih tua ataupun yang lebih muda.
- Tanyakan bagaimana bila dia harus mengkoreksi orang yang statusnya lebih rendah atau lebih tinggi. Mungkin saja orang lebih menghargai koreksi langsung dalam konteks tertentu. Mereka juga mungkin perlu koreksi secara tidak langsung dalam situasi-situasi lainnya.
- Tanyakan kepada teman yang sama, siapa yang bisa mengoreksi orang-orang seperti tersebut di atas?
- Pelajari lebih lanjut tentang evaluasi dari bentuk benda seni dengan melakukan hal-hal berikut:
  - Tanyakan pada mereka, apa yang membuat sebuah bagian dari bentuk benda dinilai baik atau tidak baik?
  - Amati bagaimana para ahli dalam mengajarkan bentuk tersebut ke orang lain – mungkin saudara sendiri.
  - Catat apa saran yang diberikan oleh para ahli tersebut.
  - Catat kesalahan-kesalahan yang diperbaiki oleh mereka. Saudara mungkin dapat melihat bentuk idealnya dengan cara mendengarkan saran-saran yang diberikan ataupun melalui kesalahan yang dibuat.

- Perhatikan alat-alat yang diletakkan di tempat utama.
- Perhatikan alat-alat yang dibicarakan secara hormat oleh mereka.
- Amati juga peralatan-peralatan yang proses pembuatannya memerlukan keahlian dan waktu khusus. Kreasi-kreasi yang utama, dihormati, dan khusus biasanya memiliki karakteristik yang ideal.
- Tanyakan, apa yang membuat hal-hal tersebut baik atau menyenangkan?

Waktu

Dalam sebuah acara, orang sering berpikir dan merasakan berjalannya waktu suatu acara kesenian dengan perasaan yang berbeda-beda. Orang bisa merasa waktu berjalan lebih cepat, lebih lambat, atau dengan cara-cara yang kerumitannya tak terduga. Selain itu, susunan, alur dan pengaturan waktu dari sebuah pertunjukan dapat bersimpangan dengan pola-pola sementara dari budaya yang lebih luas. Terakhir, dalam berbagai budaya, acara-acara tertentu hanya terjadi pada saat-saat tertentu mengikuti siklus pertanian, agama, dll.

 **Untuk dapat lebih mengetahui berbagai hal yang berkaitan dengan waktu dalam sebuah acara, lakukanlah hal-hal seperti berikut:**

- Segera setelah sebuah acara selesai, tanyakan pada para pemain pertanyaan-pertanyaan seperti berikut:
  - Bagaimana caranya saudara bisa tahu saat saudara harus melakukan suatu adegan tertentu?
  - Bagaimana pengalaman saudara dengan waktu?
  - Apakah hal ini terasa seperti sesuatu yang terjadi secara berurutan, dalam siklus yang berulang-ulang, atau bergulir seperti gelombang?
  - Apakah saudara merasakan adanya kesakralan?
  - Kapan saudara mengalami keadaan seperti waktu tersebut?
  - Tanyakan kepada para ahli kesenian untuk menjelaskan bagian dari waktu saat dalam pertunjukan. Apakah mereka secara jelas menghubungkan deskripsi mereka dengan siklus kalendar yang lebih luas?

Ungkapan Perasaan (Emosi)

Kemampuan untuk mengekspresikan dan menimbulkan emosi merupakan salah satu karakteristik dari seni komunikasi yang paling terkenal. Kesenian mempunyai cara untuk menghubungkan langsung sebuah suara, penglihatan, gerakan, aroma, atau rasa kepada ingatan dengan ampuh dan penuh emosi. Kesenian seringkali juga menyediakan cara pelepasan yang diterima secara sosial untuk mengungkapkan perasaan yang kuat, seperti halnya ratapan dan keluh-kesah saat berduka.

 **Untuk mengetahui lebih lanjut berkenaan dengan ungkapan perasaan ini, lakukanlah hal-hal seperti berikut:**

- Tontonlah sebuah rekaman pertunjukan dari sebuah acara kesenian dan tuliskan ungkapan perasaan yang ditampilkan oleh para pemain - termasuk penonton.

- Tanyakan seseorang yang hadir dalam acara tersebut, apakah mereka setuju dengan komentar saudara berkenaan dengan acara tersebut.
- Tontonlah sebuah rekaman video dari sebuah acara kesenian dengan orang-orang yang hadir di acara tersebut.
  - Amati reaksi orang-orang tersebut ketika mereka menunjukan perasaan tertentu (seperti sukacita, terkejut, sedih, marah, remeh, dll.),
  - Hentikan rekaman dan tanyakan kepada mereka mengapa mereka merespon seperti itu.
- Buatlah daftar kata-kata yang mereka gunakan dalam mengungkapkan perasaan mereka dan juga peristiwa apa yang sedang terjadi dalam pertunjukan yang membuat mereka bereaksi seperti itu.

Pokok Pelajaran

Kesenian dalam bentuk lagu-lagu, pepatah, sandiwara, hiasan dinding, dan kesenian lainnya memiliki makna secara lisan. Isi dari makna seni tersebut berasal dari pikiran, pengalaman, dan sejarah para pemain serta panitia yang terlibat. Komunikasi lewat seni kadang bisa menyingkapkan informasi yang sebelumnya tidak didapatkan. Para seniman kadang sanggup menyampaikan ide-ide tentang suatu topik yang selama ini belum pernah diungkapkan.

Selain itu, komunikasi lewat seni juga dapat mengungkapkan pengajaran-pengajaran penting dalam masyarakat dalam bentuk yang mengesankan. Pepatah adalah salah satu contoh kuat untuk menyampaikan pengajaran penting yang terungkap secara mengesankan. Pesan yang terkandung dalam tulisan dapat berupa perumpamaan/kiasan ataupun pesan tersembunyi. Makna yang terkandung bisa lebih dari satu, mungkin saja tidak sama dengan pemahaman awal saudara.

 **Untuk dapat lebih mengetahui tentang pokok pelajaran dalam suatu seni, saudara dapat lakukan hal-hal seperti berikut:**

- Buat daftar dari unsur-unsur dalam sebuah acara yang memiliki isi secara lisan, seperti lagu-lagu, pepatah, atau cerita.
- Tanyakan kepada seorang ahli untuk menjabarkan pesan dari masing-masing karya seni tersebut.
- Tanyakan kepada orang tersebut:
  - Acara apakah ini?
  - Apa yang sedang mereka ceritakan/komunikasikan?
  - Apakah ini sebuah pelajaran? Bila iya, untuk siapa?
- Saat saudara menonton sebuah rekaman atau membaca catatan sebuah acara, tanyakan dalam kelompok kecil, dan daftarkan segala hal yang berkaitan dengan/merujuk pada orang, benda, tempat, acara, roh, dst.
  - Minta kepada mereka untuk menjelaskannya.
  - Rekam atau tuliskan jawaban mereka.

Ajaran Penting dari Masyarakat Disampaikan

Komunikasi lewat seni sering menjadi sarana bagi masyarakat untuk mempertanyakan/memberi masukan kepada para penguasa. Tidak hanya itu, cara para seniman dalam mengatur dan menampilkan apa yang dikomunikasikannya juga dapat menunjukkan aspek-aspek dari pengajaran-pengajaran penting, dan struktur sosial dari sebuah masyarakat. Renungkan bagaimana cara mengorganisir para pemain, baik secara sosial maupun fisik untuk mendapatkan pemahaman terhadap pengajaran-pengajaran penting dalam masyarakat yang lebih luas.

 **Untuk memahami bagaimana hubungan antara sebuah acara dengan pengajaran penting dari sebuah masyarakat, saudara dapat lakukan hal-hal seperti berikut:**

- Amati sebuah acara, lalu ajukan pertanyaan-pertanyaan seperti berikut:
  - Bagaimana para pemain berinteraksi dengan para penguasa dalam acara tersebut?
  - Apakah ada perbedaan dalam berinteraksi jika dibandingkan dengan konteks lain?
  - Apakah pengaturan posisi duduk dari para peserta menunjukkan struktur hirarki? (Contohnya dalam penyusunan tempat duduk, siapa di barisan pertama, kedua, dsb. di dalam sebuah *gamelan* Jawa)
  - Ataukah pengaturan tempat duduk para peserta berada dalam satu tingkatan?

Jawaban terhadap pertanyaan-pertanyaan ini dapat menunjukkan seperti apa nilai-nilai struktur sosial, apakah bersifat hirarki atau egaliter yang dapat ditemukan pada aspek lain dalam masyarakat tersebut.

  - Dengan cara-cara apa (bila ada), para peserta dianjurkan untuk dapat mengekspresikan dirinya secara perorangan?
  - Keadaan apa saja yang menunjukkan adanya suasana bebas atau kaku?

Jawaban terhadap pertanyaan-pertanyaan ini dapat menunjukkan seperti apa nilai-nilai kesamaan/kesesuaian atau ketidaksamaan/ketidaksesuaian yang dapat ditemukan pada aspek lain dalam masyarakat tersebut.

Kontribusi Masyarakat Untuk Keseniannya

Seberapa besar usaha yang diinvestasikan oleh para anggota masyarakat untuk berbagai jenis kegiatan keseniannya, dalam tiap-tiap masyarakat besarnya berbeda-beda. Sebagai contoh misalnya, seorang kakek yang mengucapkan kata pepatah kepada cucunya, hanya melibatkan dua orang yang tidak memerlukan perencanaan, biaya, dan hal ini berlangsung hanya dalam beberapa detik saja. Lain halnya untuk acara sebuah pemakaman seorang raja di negara Kamerun bagian barat, acara tersebut bisa berlangsung selama sebulan, dan acara ini bisa melibatkan ratusan orang, serta memerlukan biaya cukup banyak untuk biaya konsumsi, transportasi, dan pembelian hadiah.

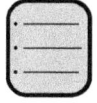 **Untuk dapat lebih mengetahui tentang seberapa besar usaha sebuah masyarakat dalam menginvestasikan suatu acara seni, sebaiknya amati, banyak bertanya, dan tuliskan informasi berbagai hal berikut ini:**

- Berapa lama acara tersebut berlangsung.
- Status penjadwalan: jadwal untuk orang-orang yang berstatus tinggi, jadwal untuk orang-orang yang berstatus rendah.
- Berapa lama persiapannya.
- Berapa besar biaya untuk acara tersebut.
- Lokasi acara: di mana tempat untuk orang-orang yang statusnya tinggi, lokasi untuk orang-orang yang statusnya rendah.
- Ruangan acara: statusnya bagaimana, ukurannya bagaimana, berapa biaya, bagaimana ruangan yang dikhususkan untuk orang-orang tertentu.
- Para peserta: berapa jumlah, bagaimana statusnya, siapa saja undangan khususnya, seperti apa tingkat ketrampilan seniman yang memainkannya atau seperti apa profesionalitasnya.
- Kompleksitas: jumlah ciri-ciri yang berkaitan.

Temukan Seni di dalam Gereja

Jika ada gereja dalam sebuah masyarakat, kita ingin membantu gereja itu memperluas pelayanannya di dalam dan di luar temboknya. Jadi, kami telah mengembangkan alat yang berhubungan secara khusus dengan komunitas Kristen. Kita memperlakukan gereja sebagai komunitas khusus setidaknya untuk dua alasan. Pertama, gereja adalah tubuh Kristus (Kol. 1:24) jadi kita sangat peduli tentang bagaimana mereka hidup. Kedua, gereja ada di tempat-tempat tertentu, tapi mereka juga terhubung dengan orang-orang di tempat yang berbeda. Komunitas yang lebih luas ini bisa mencakup denominasi daerah, organisasi misi asing, ordo Katolik atau Ortodoks, dan lain-lain. Jadi untuk membantu gereja melayani Tuhan secara utuh, kita perlu membantu gereja melihat semua kesenian mereka, tidak peduli dari mana asalnya.

Untuk membantu saudara dalam menolong gereja, kami menyiapkan dua kegiatan. Yang pertama — *Mengidentifikasi dan Mengevaluasi Seni yang Digunakan di Gereja*— kegiatan ini terdiri dari tiga sub kegiatan. Kegiatan kedua- *Membandingkan Alat Musik dalam Perjanjian Lama* — Tunjukkan bagaimana instrumen yang sama dapat digunakan untuk berbagai tujuan.

Mengidentifikasi dan Mengevaluasi Seni yang Digunakan di Gereja

1. Temukan Seni Gereja

Pendekatan untuk mengidentifikasi kehidupan artistik gereja serupa dengan apa yang kami gambarkan untuk mengidentifikasi kehidupan artistik masyarakat luas dalam (Prinsip 1) "Mengambil Sekilas Pandang Seni Masyarakat." Masukkan apapun yang saudara temukan ke dalam Profil Kesenian Masyarakat. Kumpulkan pemimpin dan peserta dalam berbagai aspek kehidupan gereja, dan pimpin mereka melalui kegiatan seperti ini:

Tulislah semua konteks di mana orang berperan sebagai bagian dari gereja ini

Konteks ini bisa mencakup - namun tidak terbatas pada - kegiatan berikut ini: pelajaran Alkitab; ibadah rumah (tangga); Sekolah Minggu; pendidikan orang dewasa; persekutuan pelayanan pujian; bimbingan keagamaan; Misa; Liburan Sekolah Alkitab; pelayanan anak-anak; dapur makanan; kunjungan ke orang sakit; upacara baptisan, pernikahan, dan pemakaman; layanan penyembuhan; perayaan hari libur; acara sosial; retret dan kemah; kegiatan penjangkauan; festival; konser; doa-doa; devosi individu atau keluarga. Gunakan tabel di bawah ini untuk memulai.

Acara dan Kegiatan Gereja	Gaya Artistik Yang Digunakan (jika ada)?

Tuliskan setiap kesenian yang digunakan dalam masing-masing konteks ini

Untuk setiap konteks kelompok yang telah terdaftar, tuliskanlah segala bentuk komunikasi artistik - gaya yang digunakan orang (jika ada). Jika ada, tulislah bentuknya. Jenis kesenian umum dalam komunitas Kristen termasuk menyanyi, berkhotbah, drama, bercerita, memahat, mengukir, merancang ruang, dupa, menari, membuat spanduk, menggambar, membaca, atau membaca puisi. Perhatikan juga bahwa ritual itu biasa terjadi pada komunitas Kristen. Ritual-ritual itu sendiri mungkin merupakan acara artistik (misalnya, sebagai bentuk drama atau kontes pertunjukan), dan seringkali menyertakan unsur-unsur artistik. Gunakan tabel di atas untuk memulai.

Tulislah semua orang yang memiliki bakat artistik yang berbobot, baik mereka menggunakannya di gereja atau tidak

Untuk setiap orang di komunitas Kristen dengan bakat dan pelatihan artistik, tuliskan jenis seni yang mereka ahli di dalamnya, dan ketrampilan khusus mereka (misalnya, mengarang lagu, mementaskan tari, melukis). Pimpinan gereja mungkin tidak menyadari ada banyak karunia yang dimiliki anggotanya. Dalam hal ini, saudara mungkin ingin membantu mereka melakukan penyelidikan lebih menyeluruh melalui kuesioner/daftar pertanyaan sederhana atau penyelidikan lisan. Gunakan tabel di bawah ini untuk memulai.

Orang Dengan Bakat/Pelatihan Artistik	Gaya apa?

2. Bandingkan Penggunaan Seni oleh Komunitas Kristen dengan Komunitas Sekitarnya

Langkah-langkah ini akan membantu gereja memutuskan bagaimana berhubungan lebih baik dengan orang-orang dalam konteks geografis mereka. Lihat khususnya "Kehidupan Gereja" dan "Kehidupan Rohani Pribadi" di **Prinsip 2**. Ingatlah bahwa ini adalah bagian dari proses yang lebih luas di mana gereja secara kritis mengevaluasi gaya artistik yang berbeda untuk digunakan secara potensial. Gunakan tabel di bawah ini untuk memulai.

1. Konsultasikan daftar yang Saudara buat di atas tentang semua jenis kesenian yang digunakan oleh komunitas Kristen dalam segala hal.

2. Konsultasikan daftar gaya artistik yang digunakan oleh komunitas seputar gereja yang saudara buat di **Prinsip 1**.

3. Tandai setiap gaya artistik yang ada baik di gereja maupun di masyarakat sekitar.

4. Untuk setiap gaya ada dalam dua komunitas ini, diskusikan dan tuliskan cara kerja dan tujuan mereka yang berbeda dalam setiap konteks.

5. Buat daftar semua gaya artistik di komunitas sekitar yang tidak digunakan di gereja. Diskusikan mengapa hal ini tidak digunakan, dan selidiki potensi penggunaanya.

Gaya Artistik Yang Digunakan di Gereja	Digunakan di Luar Gereja? (ya/tdk)

3. Evaluasi Bagaimana Seni Komunitas Kristen Saat Ini Mencapai Tujuannya

Dalam **Prinsip 2**, kami menyoroti beberapa alasan yang mungkin dapat dilakukan oleh sebuah komunitas Kristen: memperdalam bersekutu dalam penyembahan, memperbaiki bentuk kerohanian, memperluas kesaksian gereja, dan sebagainya. Sebuah survei singkat tentang bagaimana orang menggunakan seni di dalam Alkitab memberikan daftar panjang: merayakan kemenangan (Kel. 15), menyertai prosesi (2 Sam. 6), penyembahan (2 Taw. 5), festival budaya (2 Taw. 35:15), pertobatan (Mzm. 51), menari (1 Taw. 15), pemakaman (Mat. 23: 23), menguatkan gereja (1 Kor. 14:26), mengungkapkan kebahagiaan (Yak. 5:13), mengungkapkan kesedihan (Mzm. 6), peperangan rohani (2 Taw. 20: 21-23), penyembuhan (1 Sam. 16). Penting untuk diingat bahwa tidak semua penggunaan seni yang ditunjukkan dalam Alkitab memberikan teladan positif - Harun menciptakan anak lembu emas sebagai berhala (Kel. 32), dan kita tidak boleh meniru dia.

Sebagai tambahan, Alkitab lebih banyak menunjuk pada tujuan gereja, termasuk pengakuan, kesaksian, doa, pengajaran, ucapan syukur, pemuridan, ratapan, penginjilan, dorongan, nasihat, pembaharuan pikiran, rekonsiliasi, pengampunan, koreksi, peringatan, membangun solidaritas, menciptakan kontekstual sepadan, dan kesaksian. Meskipun kita tidak bisa membuat daftar lengkap semua tujuan potensial, adalah penting bagi setiap gereja untuk mengidentifikasi alasan mereka melakukan sesuatu, sehingga mereka dapat mengevaluasi apakah seni yang mereka gunakan membantu menuntun mereka mencapai tujuan ataukah tidak. Proses ini juga dapat mengungkapkan tujuan tambahan alkitabiah yang harus diadopsi masyarakat. Langkah-langkah berikut dapat membantu melakukan hal ini (gunakan tabel di bawah ini untuk memulai):

1. Konsultasikan daftar semua konteks di mana orang berperan sebagai bagian dari komunitas Kristen mereka.
2. Pilih satu konteks yang ada komunikasi artistiknya dan tuliskan tujuannya. Lihat paragraf di atas sebagai gagasan.
3. Tulislah cara-cara di mana bentuk komunikasi artistik digunakan dalam setiap konteks, baik itu mendukung maupun mengurangi tujuannya. Diskusikan, dan berilah saran perubahan yang bisa dilakukan gereja.
4. Gunakan apa yang telah saudara temukan untuk memicu/mendukung kegiatan di **Prinsip 5**.
5. Ulangi dengan acara dan kegiatan gereja lainnya.
6. Satu Acara Yang Menggunakan Seni di Gereja: _____

Tujuan Kegiatan	Seni Yang Digunakan dalam Acara

Apakah Seni yang Digunakan Mendukung atau Mengurangi Tujuan Acara?

Bandingkan Alat Musik dalam Perjanjian Lama

Terkadang gereja memiliki pemahaman yang negatif terhadap alat artistik tertentu (misalnya, sebuah alat musik) atau karya seni lain. Bagan di bawah ini membantu menunjukkan bagaimana alat tidak memiliki nilai moral yang melekat padanya: hati orang yang menggunakan alat tersebutlah yang menentukan apakah Tuhan berkenan dengan hal itu atau tidak. Bantu satu kelompok menemukan kebenaran ini untuk diri mereka sendiri dengan memulai pada bagan kosong di bawah, dan mengikuti langkah-langkah berikut:

1. Tulislah referensi Alkitab di bagian atas papan tulis.
2. Minta seseorang untuk membaca setiap perikop dengan lantang, dan kemudian mintalah kelompok tersebut untuk mengatakan setiap alat musik yang disebutkan. Tulislah nama-nama alat musik di bagian bawah perikop.

3. Mintalah kelompok untuk mencatat alat musik yang terdapat di kolom lebih dari satu. Lingkari mereka.
4. Mintalah kelompok untuk menggambarkan tujuan setiap peristiwa. Tuliskan tujuan ini di bawah setiap perikop.
5. Tanyakan kepada kelompok apakah mereka dapat menemukan hubungan antara alat musik tertentu dan tujuan yang dimainkan.
6. Tanyakan prinsip apa yang bisa mereka dapatkan dari latihan ini. Kemudian diskusikan bagaimana mereka bisa menerapkan prinsip-prinsip ini pada penggunaan kesenian di gereja mereka.

Daniel 3:5 Pengadilan raja (Penyembahan yang salah)	Yesaya 5:12 Kemabukan (dunia)	Mazmur 150 Memuji Allah (Penyembahaan yang benar)	2 Sam. 6:5; 1 Taw. 15:16–29 proses religi (Penyembahan yang benar)
seruling	suling	suling	
sangkakala		sangkakala	sangkakala
gambus	gambus	gambus	gambus
kecapi	kecapi	kecapi	kecapi
rebab			
serdam			
macam-macam			
		segala yang bernafas	nyanyian
	rebana	rebana	rebana
			kelentung
		tarian	tarian
			nafiri

PRINSIP 5

MENDORONG DAYA CIPTA

Kegiatan apapun bentuknya dapat mendorong timbulnya kreativitas, hal ini dapat dilakukan oleh siapapun untuk dapat menciptakan karya seni baru. Di berbagai tempat, kegiatan kreativitas kesenian memerlukan investasi dari masyarakat, besarnya investasi ini untuk tiap-tiap masyarakat berbeda-beda, dari investasi yang kecil hingga investasi yang besar. Contohnya, dalam sebuah pertemuan di sore hari, bisa saja seseorang menyarankan kepada temannya untuk membuat sebuah lukisan sebagai tanggapan dari sebuah pidato. Saran sederhananya ini bisa menjadi pemicu dalam penciptaan sebuah lukisan baru. Saran tersebut juga tidak memerlukan biaya investasi yang besar dari masyarakat. Merencanakan sebuah festival merupakan sebuah kreativitas yang lebih rumit. Hal ini bisa melibatkan banyak seniman dan pejabat pemerintahan. Merencanakan sebuah festival adalah contoh sebuah kegiatan yang memerlukan biaya investasi yang besar dari masyarakat.

Kegiatan yang bisa memicu kreativitas dapat langsung memberikan sebuah hasil. Kegiatan ini kemungkinan juga dapat menjadi sebuah sarana untuk ajang kreativitas di masa yang akan datang. Contohnya, para seniman dapat belajar bagaimana cara membuat, menyetem, dan memainkan sebuah alat musik tradisional melalui kegiatan pemicu kreativitas. Dengan mempelajari hal-hal tersebut menjadi dasar untuk pembuatan lagu-lagu baru di masa yang akan datang. Yang terakhir, kegiatan yang mendorong kreativitas dapat diterapkan di berbagai prinsip, atau ke semua tujuh prinsip Menciptakan Kesenian Daerah Bersama-sama (MKDB), atau bisa juga dengan cukup fokus pada salah satu prinsip saja. Dalam suatu kegiatan lokakarya kita sering menggunakan waktu untuk mengenali tujuan-tujuan (**Prinsip 2**), melaksanakan analisa awal untuk sebuah jenis kesenian (**Prinsip 4**), serta dalam topik menciptakan dan memperbaiki karya seni (**Prinsip 5**). Kegiatan lainnya bisa dengan cukup berfokus pada proses penciptaan. Pada dasarnya, masyarakat perlu melihat/mengalami kegiatan yang mendorong kreativitas dalam konteks dari adanya kerja-sama di seluruh proses penciptaan.

Cara untuk Mengorganisir Kegiatan Mendorong Daya Cipta

1. Bersiaplah untuk menggunakan cara-cara yang sudah sering digunakan dalam menyusun komposisi

Setiap masyarakat, khususnya setiap pribadi yang kreatif, memiliki pola-pola khusus dalam menciptakan seni. Jika saudara mau belajar, sebisa mungkin sebaiknya saudara mengikuti pola-pola tersebut. Contohnya di daerah Mono (Negara Republik Demokratik Kongo), jika ada yang meminta seorang musisi untuk mengarang sebuah contoh baru dari *gbaguru* yang diciptakan berdasarkan salah satu cerita perumpamaan Yesus, musisi tersebut akan mengajukan beberapa pertanyaan, kemudian dia akan berpikir untuk beberapa waktu, setelah itu dia akan mulai memainkan sebuah pola musik yang diulang-ulang dengan alat musik *kundi*-nya. Lalu, ia mengatakan bahwa ia perlu waktu menyendiri untuk mulai mengarang syair lagunya. Para pengarang lainnya mungkin bekerja berdua atau bekerja secara kelompok. Mungkin ada yang memilih untuk menggunakan pensil dan kertas. Ada beberapa yang mendapatkan inspirasinya melalui mimpi atau penglihatan. Ada juga beberapa pengarang yang dalam bekerjanya berdasarkan pembayaran komisi. Beberapa pengarang lainnya melakukannya dengan improvisasi yang spontan. Para pengarang bisa menggunakan beberapa cara dalam menciptakan karya-karya baru. Kegiatan yang saudara lakukan bersama anggota masyarakat biasanya mencakup penciptaan-penciptaan karya seni, baik dengan pola yang sudah dikenal maupun dengan pola yang baru.

 **Jelaskan bagaimana proses terjadinya aliran kesenian baru yang saudara pilih. Bagaimana hal tersebut diciptakan?**

2. Pikirkan baik-baik mengenai para pengarang/pencipta utama

Dalam penggunaan kata "pengarang/pencipta" di sini, termasuk siapapun yang menciptakan sesuatu, termasuk di dalamnya pelukis, penenun, pemain drama, serta ketrampilan lain yang sejenisnya. Kita tidak dapat melakukan semua ini tanpa para pengarang/pencipta utama, karena kemampuan, keterampilan dan kesenian merekalah yang mempengaruhi orang lain. Carilah seseorang atau kelompok yang sanggup menciptakan karya-karya seni terbaik. Para pengarang/pencipta utama seharusnya juga memiliki pengakuan di daerahnya sehingga mereka dapat membantu menyebarkan kegiatan tersebut di masyarakat.

Orang-orang yang memiliki kualifikasi seperti itu dapat ditemukan dalam beberapa masyarakat tertentu, sedangkan di tempat lain, ada kemungkinan pilihannya terbatas. Contohnya, kadang dengan memilih jenis kesenian tertentu, dengan sendirinya akan menentukan jenis kelamin dari pengarang serta pemainnya. Minta orang setempat untuk membuat daftar nama para pengarang yang berpengalaman di daerah itu.

Dalam beberapa budaya, masyarakat telah menetapkan peran bagi para pengarang lagu yang menciptakan lagu untuk orang lain. Di Afrika Barat, khususnya di daerah-daerah yang dipengaruhi oleh Islam, ada salah satu jenis penyanyi yang disebut *griot* (penyanyi puji-pujian); contohnya dari

Nigeria, Benin, dan Ghana, ada penyanyi puji-pujian yang beragama Islam tetapi bersedia untuk bekerja menggunakan teks Alkitab dalam mengarang dan merekam sebuah lagu yang syairnya berdasarkan Kitab Injil.

Pelajari budaya musik dari daerah saudara. Perhatikan apakah di daerah tersebut sudah ada format/model yang khusus bagaimana para pelanggan mendapatkan sebuah lagu dari seorang pencipta lagu. Ada juga model dimana para pengarang professional bekerja dengan cara menerima upah. "Para pengarang yang dipekerjakan" seperti itu juga bermunculan di beberapa budaya Asia, termasuk di beberapa daerah di negara Nepal dan Filipina.

Bila saudara bekerja dalam sebuah masyarakat yang beragama Kristen, ada kemungkinan saudara sulit menemukan seorang pengarang yang berpengalaman dan beragama Kristen. Pada beberapa jenis kesenian, bisa saja saudara tidak menemukan orang seperti itu di kalangan orang Kristen, karena dulu (atau sampai saat ini) mereka percaya bahwa penggunaan budaya setempat adalah perbuatan dosa. Bila kasusnya seperti itu, pertimbangkanlah untuk mempekerjakan tugas itu kepada pengarang non-Kristen. Sebelum itu sebaiknya saudara perlu mencari informasi berkenaan dengan pertanyaan-pertanyaan berikut:

- Apakah pengarang tersebut tertarik?
- Apakah orang itu dihormati oleh masyarakat tersebut?
- Bila namanya jadi terkenal, apakah hal itu dapat membantu atau malah menjadi hambatan terhadap penerimaan masyarakat akan hasil karyanya?
- Bagaimana pendapat umat Kristen setempat mengenai ide ini? Apakah mereka bisa menerimanya?
- Apakah ada kemungkinan untuk membuat kegiatan di sini sehingga pikiran seperti ini dapat berubah?

Cari informasi, apakah di daerah tersebut sudah ada format khusus dalam hal mengarang/menciptakan sesuatu, yang sudah berjalan selama ini. Ingatlah bahwa para pencipta/pengarang profesional seperti itu sudah terbiasa untuk menerima sesuatu sebagai bentuk kompensasi atas hasil karyanya.

 **Diskusikan, pengarang seperti apa yang saudara inginkan, kira-kira seberapa besar kesediaan mereka, orang-orang seperti apa yang mungkin dapat mengisi peran ini, dan bagaimana cara terbaik untuk dapat berinteraksi dengan mereka.**

3. Kenali apa saja yang menjadi faktor pendukung dan kenali apa saja hambatan-hambatan yang perlu diatasi

Dalam masyarakat, kita perlu mengenali hambatan-hambatan dan faktor pendukung yang berkaitan dengan kreativitas dalam suatu jenis aliran kesenian. Berikut beberapa contoh umum dari masing-masing bagian:

Beberapa faktor pendukung

- Para seniman yang bersemangat untuk menggunakan talentanya dalam konteks baru
- Pemerintah yang tertarik dalam mempromosikan bentuk-bentuk kesenian daerah

- Bertumbuhnya pengakuan terhadap nilai dari kesenian daerah dan adanya rasa sayang akan kehilangan nilai-nilai tersebut dalam konteks masyarakat yang lebih luas
- Adanya seorang ahli kesenian setempat yang handal dan dihormati di masyarakat, yang dapat memimpin dalam membuat karya-karya yang inovatif

Hambatan-hambatan

- Sikap negatif terhadap penggunaan bahasa setempat dan jenis kesenian dalam beberapa segi kehidupan
- Kurangnya pengetahuan dan keterampilan yang berkaitan dengan suatu jenis aliran kesenian tertentu
- Sikap apatis terhadap perubahan dalam masyarakat
- Lemahnya ketertarikan terhadap bentuk-bentuk kesenian daerah akibat dari urbanisasi dan globalisasi

 **Setelah mendiskusikan contoh-contoh tersebut dengan orang-orang setempat, ajukan pertanyaan-pertanyaan berikut:**

- Apa saja yang dapat membantu mendorong perkembangan karya-karya baru dari jenis aliran kesenian ini?
- Bagaimana caranya agar kita dapat menggunakan faktor-faktor pendukung ini untuk merencanakan sebuah kegiatan kesenian agar dapat mendorong daya kreativitas?
- Apa saja yang dapat menghalangi kita dalam mencapai perkembangan ini?
- Bagaimana kita dapat mengatasi hambatan-hambatan ini dalam merencanakan sebuah kegiatan kesenian untuk mendorong daya kreativitas?

4. Organisir sebuah kegiatan.

Berikut adalah beberapa jenis kegiatan yang dapat saudara pilih, tergantung kebutuhannya. Ada banyak jenis kegiatan yang bisa memicu kreativitas.

A. Penugasan untuk berkarya

Minta seorang seniman atau kelompok seniman untuk menciptakan sebuah karya dari suatu jenis kesenian untuk maksud tertentu yang telah disepakati bersama. Penugasan ini umumnya mencakup langkah-langkah berikut:

- Bersama dengan masyarakat, tentukan:
  - acaranya, yaitu acara di mana karya tersebut akan diciptakan,
  - tujuannya, untuk apa karya seni tersebut diciptakan (misalnya untuk keaksaraan, puji-pujian gereja, atau pemberdayaan masyarakat),
  - jenis aliran keseniannya, (misalnya: *haiku, olonkho,* atau pertunjukan *Musikal Broadway*),
  - isinya,
  - ara penciptanya.

- Berikutnya...
    - kerjakan dengan para pencipta proses penciptaannya, termasuk dalam evaluasi dan merevisi hasil karyanya;
    - persiapkan orang-orang dalam masyarakat, dan para perencana acara untuk sebuah pertunjukan umum;
    - selidiki bagaimana cara pembagian tugas yang lain, termasuk dalam hal perekaman;
    - selidiki apakah ada cara-cara lain juga sehingga kegiatan ini bisa berhasil, yang sesuai dengan segi-segi kehidupan di masyarakat tersebut.

Cari informasi berkenaan dengan hal-hal berikut: penghargaan seperti apa yang cocok untuk para seniman, jenis aliran keseniannya, dan acaranya. Penghargaan kepada seniman bisa berupa uang, jasa, barang, piagam penghargaan, atau perbuatan baik hasil dari persahabatan yang terjalin. Bangun rasa saling menghormati dan percaya dengan para seniman.

Pikirkan seperti apa peran dari para pengutus selama proses pegarangan/penciptaan karya seni. Siapa yang akan menentukan apakah karya seninya bagus atau tidak, dan perlu diubah atau tidak? Seberapa besar keleluasan/kebebasan para seniman dalam berinovasi? Sebisa mungkin, ada kesepakatan antara pihak pengutus dan pihak seniman mengenai peran-peran ini sebelum proses penciptaan karya seni ini dimulai.

Saudara dapat juga mengutus diri saudara sendiri dalam menciptakan sebuah karya baru, tetapi lakukan hal ini hanya dalam rangka untuk menjalin hubungan dengan masyarakat.

B. Lokakarya

Lokakarya adalah kegiatan yang singkat – biasanya kegiatan ini berdurasi satu atau dua minggu – yaitu dengan mengumpulkan para peserta lokakarya untuk mencapai kemajuan dalam tugas tertentu. Saat para peserta saling berinteraksi secara bersama-sama, maka akan lebih banyak yang dapat dicapai dan dihasilkan.

Bila ada sebuah organisasi yang dapat membantu mengatur dalam hal logistik maka hal ini akan sangat menolong. Menentukan tujuan dari lokakarya adalah hal yang penting. Tujuannya bisa berupa mengarang lagu untuk puji-pujian di gereja, atau menciptakan dan merekam karya-karya seni dengan aransemen baru untuk didistribusikan melalui radio atau media lain. Untuk lebih mengetahui hal ini, baca "Buku Panduan Lokakarya Ethnoarts" yang juga disediakan.

C. Pertunjukan Acara Festival

Saudara dapat membantu sebuah masyarakat untuk merencanakan atau mengerjakan sebuah festival, atau perlombaan yang menitik-beratkan pada aspek kreativitas untuk sebuah kesenian daerah dengan aliran tertentu. Festival budaya adalah acara yang dirancang untuk mempertunjukkan identitas budaya dan hasil kreativitas dari sebuah masyarakat. Kelompok etnis atau agama yang sudah memiliki perkumpulan untuk perayaan, mungkin bisa terbuka untuk menggunakan karya-karya seni baru yang dihasilkan oleh umat Kristen. Jadi ada kemungkinan untuk memulai sebuah tradisi baru dalam suatu festival. Tradisi-tradisi baru tersebut dapat didukung dengan perayaan umat Kristen karena adanya talenta seni yang berasal dari Tuhan. Penghargaan untuk karya-karya baru terbaik bisa menambah usaha dan semangat masyarakat. Kegiatan festival-festival seperti ini menyediakan kesempatan yang baik untuk bekerjasama di antara umat Kristiani, budaya, agama, dan kelompok-kelompok lain dalam masyarakat.

Dalam suatu pertunjukan acara biasanya ada lima tahapan yang perlu dilakukan:

1. Pengilhaman dan perencanaan
Bagaimana caranya kita bisa sampai pada tujuan dari posisi tahapan sekarang ini? Semakin besar acara, semakin banyak perencanaan yang diperlukan. Beberapa masyarakat sanggup membuat perencanaan dan tujuan-tujuan secara rinci. Masyarakat yang lain lagi mampu mengadakan perayaan yang fantastis melalui dinamika sosial yang alami. Sampaikan beberapa ide, tapi jangan memaksakan sebuah sistem untuk dilakukan.

2. Sosialisasi dan membangun jaringan
Bagaimana caranya kita dapat memastikan adanya partisipasi dari para seniman utama dan masyarakat luas? Kadang dalam suatu kegiatan festival, panitia juga mengadakan acara perlombaan dengan menyediakan hadiah-hadiah untuk memotivasi para pesertanya. Untuk itu, komunikasikan dengan jelas jenis-jenis kesenian apa saja yang akan diberi penghargaan, dan bagaimana caranya kesenian tersebut dinilai.

3. Penciptaan kesenian dan persiapan pertunjukan
Apakah para seniman punya waktu dan sumber daya untuk berkarya dan berlatih?

4. Menjalankan kegiatan
Mencobalah untuk menyatukan tujuan bersama, fleksibilitas, dan kegembiraan dalam melakukan kegiatan tersebut. Mencobalah sebisa mungkin agar semua peserta berperan aktif dalam mewujudkan kegiatan tersebut.

5. Saran & Evaluasi
Setelah acara selesai, beri waktu untuk evaluasi secara baik-baik bersama panita bagaimana acara tersebut berlangsung. Perhatikan hubungan antara acara tersebut dengan ke-7 prinsip dari MKDB. Diskusikan apakah ada kemungkinan untuk mengadakan acara serupa di masa yang akan datang.

D. Pembimbingan/Pementoran

Kadang oleh karena umur, pendidikan, atau posisi saudara di masyarakat, saudara dapat masuk ke dalam hubungan jangka-panjang yang bermanfaat bagi seorang seniman atau sekelompok seniman. Hubungan seperti ini biasanya makin kuat seiring dengan berjalannya waktu, sebagai hasil dari hubungan pribadi dan adanya tujuan bersama. Para pembimbing dapat mempengaruhi pertumbuhan professionalitas, rohani dan karakter dari orang yang dibimbing/anak didik. Hubungan seperti ini juga menjadi peluang untuk membuka jalan adanya kesempatan-kesempatan baru serta membuka kesempatan untuk saling berbagi cerita pengajaran/cerita-cerita edukatif dari kehidupan pribadi masing-masing. Bimbingan seperti ini juga mencakup hubungan timbal-balik untuk bisa saling belajar. Bila hubungan tersebut adalah hubungan secara lintas-budaya, maka anak didikpun dapat mengajar mentornya keterampilan dan wawasan mengenai budayanya. Seiring dengan berjalannya waktu, ikatan antara mentor dan anak didik seperti ini seringkali bertumbuh semakin kuat dan menyenangkan.

E. Masa magang terstruktur

Masa magang menyediakan sebuah struktur konsisten dengan bentuk-bentuk budaya yang sudah ada. Dalam sebuah masa magang, para ahli seni dapat mewariskan keterampilan dan pengetahuan mereka kepada peserta didik di masyarakat. Masa magang yang terstruktur menjadi masuk akal dengan adanya para ahli pada jenis aliran kesenian tertentu, bila konteksnya adalah mewariskan kompetensi pada suatu jenis kesenian, dan anggota masyarakat menghargai jenis aliran kesenian tersebut.

Sebuah sanggar seni dapat membentuk program seperti itu dengan cara:

1. Tentukan jenis aliran kesenian apa yang akan diajarkan
2. Tentukan siapa ahli dari jenis aliran kesenian tersebut yang akan melatih
3. Tentukan siapa para peserta didiknya
4. Bentuk sebuah pelatihan dengan konteks sebagai berikut:
    a. Memakai format pengajaran yang sudah dikenal;
    b. Tentukan tempat, waktu, dan frekuensi latihan yang dapat dijalani oleh sang ahli dan para peserta didik;
    c. Pelatihannya mencakup: pengetahuan, keterampilan, dan perilaku yang menentukan dalam jenis kesenian tersebut;
5. Peserta dapat bertahan cukup lama sehingga kompetensi mereka dapat berkelanjutan
6. Implementasikan programnya dan cari tahu bagaimana caranya agar para peserta dapat terus mengembangkan keterampilan mereka dan dapat melakukan pertunjukan dalam konteks yang berbeda-beda.

F. Publikasi

Hampir semua jenis kegiatan seni bisa berhasil dalam jangka-panjang bila kegiatan tersebut sanggup merubah pola pikir masyarakat dan hasil kesenian dibuat juga dalam media rekaman. Kertas, rekaman, dan data elektronik dalam bentuk apapun membuat ide-ide dan kesenian menjadi lebih hidup, dan tidak hilang begitu saja ketika momen kegiatan seni selesai diadakan. Publikasi dapat menjangkau orang-orang lebih dari satu tempat. Majalah-majalah, situs-situs web di internet dan media sosial (seperti Facebook) memungkinkan kita dalam penyebarkan informasi dan memberikan inspirasi dalam diskusi yang mencakup topik-topik secara luas. Produk-produk audio dan video menyediakan materi untuk pelatihan dan hiburan. Publikasi menjadi gudang sejarah dan biografi saat di mana orang mulai melupakan hal-hal yang terjadi di masa silam.

Aspek-aspek umum dalam merencanakan publikasi mencakup hal-hal berikut:

1. Tentukan siapa yang akan menjadi target penonton (target audiens)
2. Tentukan siapa para editornya, para penasihatnya, dan kontributornya
3. Kumpulkan, pilih, dan siapkan materi-materi yang akan dipublikasikan
4. Tentukan bagaimana skema untuk pendistribusian publikasinya
5. Tentukan jadwal untuk publikasi yang berkelanjutan
6. Jalankan publikasi dan distribusiannya
7. Kembangkan dan gunakan berbagai peralatan untuk mendapatkan masukan (misalnya: komentar di website atau media sosial, surat-surat kepada editor, survei penelitian, dll.) untuk membantu mengevaluasi kinerja panitia dan sebagai bahan masukan untuk pembuatan rencana yang lebih baik di masa mendatang.

G. Komunitas Pencipta Seni

Komunitas seniman biasanya membentuk sanggar seni, perkumpulan, atau kelompok untuk maksud agar mereka dapat saling memberi dorongan, memberi masukan atas hasil karya ciptaannya, berbagi sumber-daya dan ide-ide, mempertunjukkan karya seninya, serta untuk berkolaborasi atas produk-produk hasil karya seninya. Dalam perkumpulan tersebut para seniman bertemu secara teratur di tempat dan waktu tertentu. Mereka memiliki harapan – walaupun tidak berlebihan – harapan seorang terhadap yang lain. Biasanya dalam kelompok ini mereka hanya fokus pada bentuk kesenian tertentu dan tujuan tertentu.

Tiap kelompok seni berbeda antara satu dengan lainnya, untuk itu sebaiknya mempertimbangkan ide-ide berikut saat saudara memulai atau membentuk sebuah kelompok:

- Pilih tempat di mana pertemuan akan diadakan dan pilih waktu yang cocok dengan para anggotanya, serta beri peluang pada mereka untuk melakukan kegiatan berkesenian.
- Diskusikan apa tujuan dari kelompok tersebut dan apa harapan dari para anggotanya. Tujuannya bisa saja berbeda-beda, dari tujuan yang yang disampaikan secara mengalir dan tidak resmi, hingga tujuan yang jelas dan tegas/spesifik, tergantung dari keinginan kelompok tersebut.
- Bila bentuk kelompok tersebut adalah bagian dari sebuah gereja, atau tujuannya adalah untuk menciptakan hal-hal yang berkaitan dengan komunitas Kristen, maka sebaiknya saudara memasukkan juga unsur kegiatan rohani di dalamnya. Para seniman bersikap "seperti Tuhan" dalam kreativitasnya (bedanya Tuhan menciptakan sesuatu dari yang tidak ada menjadi ada). Kadang-kadang para seniman dapat terpikat ke dalam penggunaan kesenian yang tidak sehat akibat dari besarnya pengaruh kesenian yang mereka hasilkan. Dengan adanya doa, pendalaman Alkitab, pertanggungjawaban, dan ajaran-ajaran lain dapat menjadi pegangan rohani bagi seluruh pengarahan dan pertunjukan kreativitas untuk para seniman.

 **Diskusikan dan pilih jenis kegiatan yang paling cocok untuk dilaksanakan dalam proses MKDB ini.**

5. Jelaskan kegiatan yang akan saudara lakukan

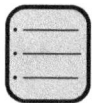 Gunakan ringkasan di bawah ini sebagai panduan, jelaskan tiap unsur dari kegiatan pendorong kreativitas yang telah ditentukan oleh masyarakat yang nantinya akan ditampilkan.

HAL-HAL YANG PERLU DICATAT SAAT MERENCANAKAN SEBUAH KEGIATAN MENDORONG DAYA CIPTA

Judul dan Kesimpulan:
Ringkasan singkat dari kegiatan dan tujuan utamanya. Masukkan juga jenis kegiatannya secara menyeluruh: lembaga pengutus, lokakarya, acara pertunjukan, bimbingan, masa magang, publikasi, kelompok para seniman, dll. Panjang ringkasannya tidak lebih dari satu paragraf/alinea.

Para peserta:
Semua orang yang terlibat agar kegiatannya berhasil. Ini bisa termasuk para pencipta dan para tokoh masyarakat dari berbagai kalangan. Sebisa mungkin cari dan tentukan orang-orang tersebut.

Informasi dari Profil Kesenian Masyarakat:
Perhatikan informasi apa saja yang sudah ada dalam Profil Kesenian Masyarakat (PKM), dan apa saja yang masih perlu untuk diselidiki lebih lanjut. Sebagian besar dari kegiatan tersebut adalah kegiatan penelitian yang dibahas dalam **Prinsip 4** yang belum sempat saudara kerjakan.

Sumber-daya yang diperlukan:
Finansial, hal-hal teknis, logistik, perizinan/pemberitahuan resmi, dan kebutuhan-kebutuhan lainnya yang diperlukan untuk pelaksanaan kegiatan.

Tugas-tugas:
Hal-hal teknis yang perlu dilaksanakan seseorang dalam menjalankan kegiatan. Saudara dapat membuatnya secara detail atau seluas mungkin, tergantung situasi.

Analisa Gambar Besar:
Buatlah tiga daftar:

1. Prinsip-prinsip MKDB yang ada dalam kegiatan
2. Prinsip-prinsip MKDB yang telah dilakukan di luar kegiatan, seperti analisa sebuah acara (**Prinsip 4**) yang telah dilakukan seseorang.
3. Rencana untuk membahas prinsip-prinsip yang terlewatkan/belum sempat dilakukan.

Gambar 12: Hal-hal yang Perlu Dicatat saat Merencanakan Sebuah Kegiatan Mendorong Daya Cipta

# PRINSIP 6

MENINGKATKAN KUALITAS KARYA BARU

"Janganlah ada perkataan kotor keluar dari mulutmu, tetapi pakailah perkataan yang baik untuk membangun, di mana perlu, supaya mereka yang mendengarnya, beroleh kasih karunia." (Ef. 4:29)

Evaluasilah karya seni baru yang telah dibuat sesuai dengan kriteria/cara yang telah disepakati dengan masyarakat. Ingat bahwa tujuan dari evaluasi adalah menciptakan, bukan menghancurkan. Tujuan dari penilaian adalah untuk membangun, bukan meruntuhkan. Perhatikan juga bahwa masyarakat dapat mengurangi kritikan dengan cara melibatkan orang-orang yang tepat sejak dari awal proses penciptaan karya seni secara bersama-sama. Orang-orang yang perlu diikutsertakan dalam proses penciptaan karya seni ini adalah: para pemimpin di masyarakat, pemimpin agama, para pencipta yang ahli, dan para seniman yang mumpuni/mampu.

Bagaimana caranya saudara dapat menentukan; bahwa suatu kesenian itu termasuk kategori kesenian dengan tujuan yang baik atau kesenian dengan tujuan yang buruk? Penilaian seperti itu bisa rumit, namun perangkat penilaian sudah tersedia yang dapat membantu proses untuk menentukan kategori sebuah kesenian.

Andalkan sistem yang sudah ada

Para seniman di kelompok-kelompok seni biasanya memiliki naluri/rasa, apakah sebuah karya seni itu baik atau tidak, dan mereka memiliki cara untuk mengutarakan apa saja yang perlu diperbaiki. Lakukan penelitian sebagaimana yang tertuang dalam bahasan "Estetika dan Evaluasi" (**Prinsip 4**) untuk mencari informasi bagaimana proses penilaian yang biasanya dilakukan dalam masyarakat tersebut. Dalam beberapa situasi, mereka mungkin melakukannya dengan cara menyingkirkan karya-karya seni yang kurang bermutu dengan cara menghalangi rencana pertunjukan yang akan dilakukan di masa mendatang, kemudian membiarkannya punah.

Mengevaluasi dampak dari Karya Seni Baru

Dalam bahasan materi di **Prinsip 3**, saudara telah mengenali dampak-dampak yang telah diantisipasi dari karya seni baru. Karya seni baru seharusnya mempengaruhi kehidupan masyarakat untuk bergerak menuju ke tujuan yang searah dengan masa depan yang lebih baik. Untuk mengevaluasi apakah sebuah karya seni baru telah menimbulkan dampak yang diinginkan, maka; amati dan tanyakan tanggapan masyarakat akan karya seni baru tersebut. Apakah karya seni baru tersebut menimbulkan dampak yang diharapkan? Contohnya, apabila ada seorang ahli pidato berniat untuk memotivasi masyarakat agar mereka mau bergabung dalam sebuah parade dalam rangka perayaan identitas etnis mereka, namun, ternyata para penonton justru terganggu saat menyaksikan ahli pidato tersebut dan mereka akhirnya pulang, maka dapat dikatakan bahwa karya tersebut termasuk kategori karya yang gagal.

Tenanglah, yang penting tetap terus belajar

Saudara tidak dapat mempelajari semuanya, tapi saudara bisa melakukan hal-hal berikut:

- Amati reaksi orang-orang
- Perhatikan perkataan mereka
- Lakukan penelitian secara teratur terkait dengan jenis-jenis kesenian yang sedang saudara teliti (lihat **Prinsip 4** untuk contoh-contohnya) – mungkin saudara bisa lakukan satu kegiatan setiap minggu atau setiap bulan

Tentukan waktu dan jenis evaluasi yang perlu dilakukan

Evaluasi dapat dilakukan pada awal proses kreasi dari sebuah karya seni. Hal ini dapat juga dilakukan setelah seorang pengarang mempertunjukkan karya seninya.

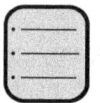 **Lakukan kegiatan sebagaimana yang telah dijelaskan dalam bahasan "Pendekatan untuk Evaluasi yang Efektif" seperti di bawah ini. Saudara dapat menyertakan kegiatan evaluasi lebih dari sekali dalam proses MKDB ini.**

PENDEKATAN UNTUK EVALUASI YANG EFEKTIF

Kenali dan kerjakan sesuai konteks **struktur sosial yang berlaku di masyarakat**, kemudian secara bersama-sama tetapkan kriteria dalam mengevaluasi, baik evaluasi untuk karya-karya yang sudah ada, maupun untuk karya seni yang baru. Sebelum berkumpul, kenali dulu aspek-aspek acara seni sebagai berikut:

Unsur-unsurnya
Ini termasuk cara-cara bagaimana karya seni tersebut dalam menggunakan: ruangan, bahan, para pemain, waktu untuk tiap bentuk pertunjukan, ciri-ciri pertunjukan, perasaan, isi materi, tema, serta nilai-nilai dalam masyarakat.

Tujuannya
Ini bisa mencakup tujuan untuk mendidik, memotivasi untuk bertindak, dll.

Orang-orang
Orang-orang yang perlu diikutsertakan dalam proses evaluasi. Mereka perlu memiliki pengetahuan, keterampilan, dan rasa hormat yang dibutuhkan dalam memberi masukan pada berbagai unsur. Mungkin saudara juga mau mengikutsertakan orang-orang dari berbagai umur dan kelompok sosial.

Bahan-bahan
Bahan-bahan yang dapat membantu diskusi untuk lebih fokus dan sebagai bahan referensi dalam diskusi, dengan demikian saudara tidak hanya mengandalkan ingatan dalam memberi masukan. Bahan-bahan ini bisa berupa: lirik lagu, naskah drama, tulisan not musik, topeng, gerakan tarian, rekaman video-audio, dll.

Kumpulkan orang-orang yang telah ditentukan. Tunjukkan dan demonstrasikan karya seni tersebut, lalu ikuti langkah-langkah berikut:

1. *Sepakati bersama:*
Aspek karya seni apa saja yang berjalan dengan baik.

2. *Diskusikan bersama:*
Apa **makna** dari seni tersebut yang diterima oleh masyarakat, untuk jenis aliran kesenian tersebut seberapa besar keaslian yang dapat dirasakan karya seninya, seberapa baikkah karya seninya dalam **mewakili komunitas mereka**, dan apakah menurut mereka karya seni tersebut sudah sesuai dengan **tujuan** yang telah ditentukan.

3. *Beri dorongan*
Pada para pencipta untuk berkarya lebih baik sesuai dengan hasil evaluasi.

Gambar 13: Pendekatan untuk Evaluasi yang Efektif

PRINSIP 7

TERUS-MENERUS MEMADUKAN DAN MEMASYARAKATKAN KARYA-KARYA BARU

Kita tidak ingin melihat kesenian-kesenian baru diciptakan hanya untuk sekali saja, tetapi berkali-kali. Jadi perencanaan untuk ke depannya juga sangat penting. Cara terbaik untuk memulai adalah dengan introspeksi bersama masyarakat tentang bagaimana caranya agar mereka bisa saling mengajar satu dengan lainnya, seperti: belajar lagu-lagu baru, tarian, keterampilan memahat, dll. Sebisa mungkin, rancangan tersebut mencakup juga sarana-sarana untuk dapat meneruskan kegiatan ini. Agar masyarakat dapat terus mencipta, mereka dapat memutuskan untuk mengulang kegiatan-kegiatan yang dapat mendorong kreativitas seperti lokakarya atau penugasan untuk berkarya. Dengan demikian kelompok-kelompok sosial yang sudah ada seperti sanggar tari, atau perkumpulan keaksaraan dapat termotivasi untuk terus berkarya. Masyarakat dapat juga memutuskan untuk membentuk kelompok-kelompok baru yang berkumpul secara teratur untuk membantu para anggotanya terus berkarya demi mencapai tujuannya.

Bila saudara telah mengikuti rangkaian proses MKDB, maka sebenarnya tidak perlu dijelaskan lagi tentang pentingnya memadukan dan memasyarakatkan, karena cara terpenting untuk meneruskan sesuatu yang baik adalah dengan memulainya secara baik. Proses ini dapat membantu saudara dalam menjalin hubungan dengan masyarakat, mendorong orang lain untuk berkarya, mengenal dan menghargai para seniman, membuat perencanaan, melibatkan para seniman utama dan para pembuat-keputusan dalam kegiatan-kegiatan pendorong kreativitas, membantu membuat produk seni serta pertunjukan yang lebih baik.

Untuk membantu masyarakat terus berpikir tentang bagaimana membuat segalanya bertahan lama, ada beberapa nasihat. Saat merenungkan pedoman ini, saudara akan menyadari bahwa terkadang pedoman tersebut saling bertentangan. Nah, begitulah kehidupan. Jika masyarakat mendengarkan Tuhan dan bertumbuh dalam kebijaksanaan, mereka akan baik-baik saja.

Mendorong Masyarakat untuk Membiasakan Kreativitas Secara Rutin

Ulangi siklus kreasi bersama menggunakan buku ini: Prinsip 1–7. Semakin banyak siklus digunakan oleh masyarakat, maka semakin akrab dan terbiasa dalam kehidupan mereka.

Mendorong Kesinambungan dalam Kesenian yang Memberikan Kontribusi Paling Unik bagi Kerajaan Sorga

Globalisasi, urbanisasi, aktivitas misionaris, peperangan, dan faktor-faktor lain seringkali (meskipun tidak selalu) menyebabkan penurunan minat pada bentuk seni masyarakat, khususnya masyarakat yang minoritas. Wahyu 21 menyarankan bahwa hal-hal dari setiap budaya akan ada di Surga. Ketika kita semua bernyanyi, menari, bertindak, melukis, dan mengatakan kebenaran dengan cara yang sama, kita memiskinkan gereja di bumi dan di Surga. Jangan berasumsi bahwa tren global selalu merupakan rencana Tuhan. Setiap keragaman ciptaan Tuhan yang dapat kita alami membantu kita mengenal Tuhan lebih baik.

Mendorong Kesinambungan dalam Seni yang Paling Terancam Punah

Kita harus membuat catatan khusus dari para seniman dan bentuk seni mereka yang paling terpinggirkan di dunia. Gambar Tuhan ada di sana.

 **Mendorong Kesinambungan dalam Seni yang Paling Mungkin Berkembang**

Kami ingin seni baru membuat perbedaan positif dalam masyarakat, sehingga inovasi yang menyebar dengan cepat bisa menjadi hal yang sangat baik.

 **Terus berdoa dan berkarya untuk mewujudkan doa Yesus.**

Yesus mengajar kita berdoa seperti ini: "Bapa kami yang di sorga, Dikuduskanlah nama-Mu. Datanglah Kerajaan-Mu. Jadilah kehendak-Mu di bumi seperti di sorga." (Mat. 6:9-10). Masyarakat yang saudara layani dapat terus berkarya dengan cara-cara yang dapat menyatukan sorga dengan bumi, melebihi dari apa yang dapat saudara bayangkan!

LAMPIRAN 1

Profil Kesenian Masyarakat (PKM)

Kita membuat formulir ini sebagai tempat untuk mencatat hasil kegiatan yang dilakukan dalam buku ini. Ini mengulangi nama beberapa bagian di dalam buku supaya lebih jelas di mana tempat untuk mencatatnya.

Kata-kata dalam huruf besar diganti dengan kata yang sesuai dengan konteksnya. Contohnya, <NAMA MASYARAKAT> diganti dengan nama masyarakat yang melakukannya seperti Suku Toraja, Jemaat GPID Pniel Kota Palu, Sanggar Seni Peronde, dll. Silahkan menyesuaikan bentuk, kategori, dan isi PKM ini. Di bawah ada contoh PKM yang belum ada isi.

<NAMA MASYARAKAT>

Nama penganjur seni lokal:

Tanggal untuk Penelitian yang ada di dokumen ini:

KESIMPULAN RENCANA KEGIATAN, DAN HASIL

- Kapan MKDB digunakan dan bagaimana caranya:
- Daftar Acara dan Jenis Kesenian yang ada penelitian atau informasi (apa saja):

Lampiran 1

MKDB SIKLUS: <NOMOR>, UNTUK <TUJUAN>

Prinsip 1: Mengenal Masyarakat dan Keseniannya
- Pandangan Pertama Masyarakat
- Pandangan Pertama Kesenian Masyarakat
- Pandangan Pertama Tujuan dan Harapan Masyarakat.
- Menemukan dan mengenali kehidupan sosial masyarakat
- Meringkaskan hasil dan tantangan di langkah ini

Prinsip 2: Menentukan Tujuan
- Menolong masyakarat dan komunitas menemukan tujuan
- Menggambarkan 1-2 tujuan untuk sekarang
- Meringkaskan hasil dan tantangan dari Prinsip ini.

Prinsip 3: Menghubungkan Seni dengan Tujuan
- Menjelaskan tentang hasi percakapan mengenai Efek, Isi, Jenis, dan Kegiatan
- Membuat daftar Efek, Isi, Jenis, dan Kegiatan yang terpilih
- Meringkaskan hasil dan tantangan di langkah ini

Prinsip 4: Meneliti Kegiatan dan Jenis Kesenian yang Terpilih
- Memutuskan penelitian apa yang akan dilakukan
- Melakukan penelitian, dengan masuk hasil ke dalam "Deskripsi Jenis Kesenian"
- Meringkaskan hasil dan tantangan di langkah ini

Prinsip 5: Mendorong Daya Cipta
- Menggambarkan cara-cara yang biasa untuk penciptaan
- Mengenali kesempatan untuk memafaatkan dan tantangan untuk mengatasi
- Memilih jenis kegiatan
- Merangkakan kegiatan baru (atau mengubah kegiatan yang sudah ada) yang membantu komunitas mencapai tujuan/harapan
- Melakukan kegiatannya
- Meringkaskan hasil dan tantangan di langkah ini

Prinsip 6: Meningkatkan Kualitas Karya Baru
- Merangkakan/mengubah sebuah metode untuk evaluasi dan peningkatan kualitas
- Melaksanakan metode untuk evaluasi dan peningkatan kualitas
- Meringkaskan hasil dan tantangan di langkah ini

Prinsip 7: Terus-menerus Memadukan dan Memasyarakatkan Karya-karya Baru
- Memilih karya apa yang akan dimadukan/dimasyarakatkan
- Membuat rencana tindak lanjut
- Meringkaskan hasil dan tantangan di langkah ini

DESKRIPSI JENIS KESENIAN: <NAMA JENIS>

A: Analisa Acara: NAMA ACARA
- Deskripsi Singkat
- Pandangan Pertama Kegiatan
- Lensa digunakan untuk mengevaluasi acara

B: Aspek-aspek Kesenian dalam suatu Acara
- Musik
- Drama
- Tarian
- Seni lisan / ditulis
- Seni visual
- Hubungan timbal balik antara elemen-elemen acara

C: Konteks Budaya yang lebih Luas
- Para Seniman
- Kreativitas
- Bahasa
- Pewarisan dan Perubahan Kesenian
- Dinamika Budaya
- Identitas dan Kuasa
- Estetika dan Evaluasi
- Waktu
- Ungkapan Perasaan (Emosi)
- Pokok Pelajaran
- Ajaran Penting di Masyarakat disampaikan
- Kontribusi Masyarakat untuk Keseniannya

D: Mengidentifikasi dan Mengevaluasi Seni yang digukakan di Gereja: <NAMA GEREJA>
- Temukan Seni Gereja
- Bandingkan Penggunaan Seni oleh Komunitas Kristen dengan Komunitas Sekitarnya
- Evaluasi Bagaimana Seni Komunitas Kristen saat ini Mencapai Tujuannya
- Menggunakan kegiatan di dalam MKDB dan dari sumbar lainnya.
- Mengevaluasi ibadah dengan prinsip-prinsip alkitabiah.
- Mengevaluasi kesenian komunitas Kristen yang multikultural
- Menafsirkan Firman Tuhan dengan baik

LAMPIRAN 2

Formulir Ringkasan Keputusan

Formulir ini membantu saudara membuat kesimpulan keputusannya dari Prinsip 1, 2, dan 3.

_____ akan mempersiapkan
    MASYARAKAT

_____ untuk mempertunjukkan
    ACARA

_____ dengan
    JENIS KESENIAN

_____ untuk menghasilkan
    ISI/PESAN YANG INGIN DISAMPAIKAN

_____ yang dapat membantu
    DAMPAK

_____ mencapai
    MASYARAKAT

_____.
    TUJUAN YANG DIHARAPKANL

LAMPIRAN 3

Ringkasan MKDB
Metode Menciptakan Kesenian Daerah Bersama-sama

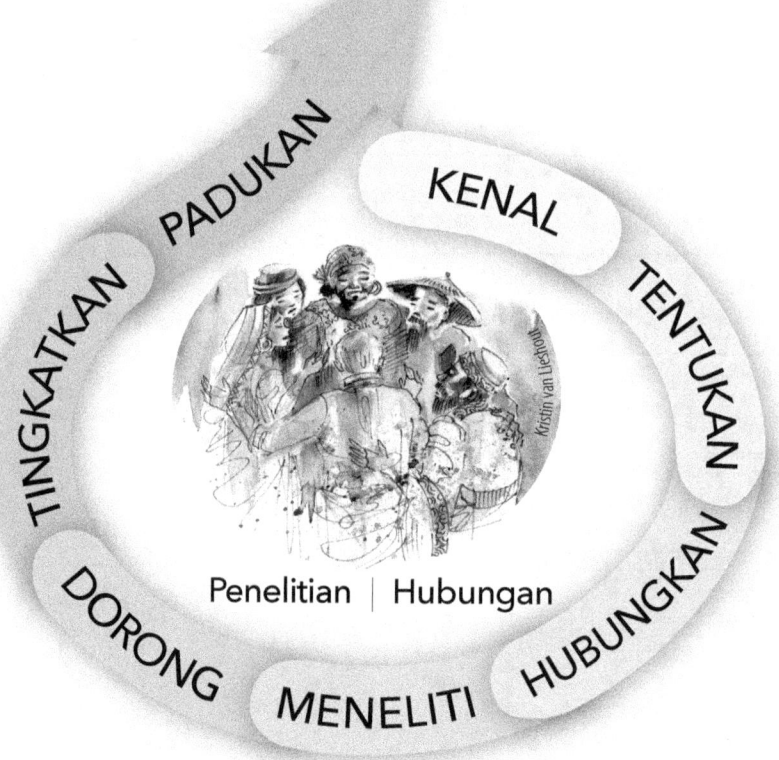

1. **Mengenal masyarakat dan keseniannya.**
   Pengenalan informasi dasar tentang sebuah masyarakat.

2. **Menentukan tujuan.**
   Tentukan apa yang menjadi tujuan masyarakat setempat.

3. **Menghubungkan Seni dengan Tujuan.**
   Memutuskan secara bersama-sama: dampak, bentuk kesenian, isi pesan, dan kegiatan seni untuk mendukung tujuan.

4. **Meneliti kegiatan seni dan jenis kesenian yang terpilih.**
   Mengerti lebih dalam mengenai bentuk seni dan artinya.

5. **Mendorong daya cipta.**
   Melakukan sesuatu untuk menumbuhkan daya cipta mereka.

6. **Meningkatkan kualitas karya baru.**
   Membuat kesenian yang belum sempurna menjadi lebih baik.

7. **Terus-menerus memadukan dan merayakan karya baru.**
   Terus-menerus merancang kegiatan yang dapat mendorong tumbuhnya daya cipta.

www.ingramcontent.com/pod-product-compliance
Lightning Source LLC
Chambersburg PA
CBHW081405070526
44583CB00020B/2681